G. Strien

Elementarbuch der französischen Sprache

Zweite Auflage, Ausgabe B

G. Strien

Elementarbuch der französischen Sprache
Zweite Auflage, Ausgabe B

ISBN/EAN: 9783744612586

Hergestellt in Europa, USA, Kanada, Australien, Japan

Cover: Foto ©Andreas Hilbeck / pixelio.de

Weitere Bücher finden Sie auf **www.hansebooks.com**

Elementarbuch
der
Französischen Sprache
von
Prof. Dr. G. Strien.

Ausgabe B:
Für Gymnasien und Realgymnasien.

Halle a. S.
Verlag von Eugen Strien.

Elementarbuch
der
Französischen Sprache

von

Prof. Dr. G. Strien,
Direktor des Realgymnasiums der franckeschen Stiftungen zu Halle a. S.

Ausgabe B:
Für Gymnasien und Realgymnasien.

—

Zweite, unveränderte Auflage.
(Mit einem Anhang.)

Halle a. S.
Verlag von Eugen Strien.
1895.

Vorwort.

Obwohl mein „Elementarbuch der französischen Sprache" (1890; 5. Aufl. 1894) im ganzen den Anforderungen der neuen preußischen Lehrpläne entspricht, habe ich doch, um eine völlige Übereinstimmung mit denselben herbeizuführen, i. J. 1892 für die Quarta der Gymnasien und Realgymnasien eine besondere Ausgabe B. davon veranstaltet. In diese habe ich noch den Indikativ der Zeitwörter auf ir und re unter Benutzung der entsprechenden Abschnitte aus meinem „Lehrbuch der französischen Sprache, Teil I" (1891; 2. Aufl. 1893) aufgenommen. Zugleich habe ich, einem mehrfach geäußerten Wunsche folgend, die Nrn. 11. 13. 17. 22. 24, deren Inhalt für den Quartaner zu kindlich sein würde, weggelassen. Im übrigen ist die Anlage des Werkes unverändert geblieben.

Über die Anordnung und die Verwendung dieses Elementarbuches, das seine Fortsetzung in einer Ausgabe B. meines „Lehrbuchs der französischen Sprache, Teil I" im vorigen Jahre gefunden hat, habe ich mich in der wissenschaftlichen Beilage zu dem Jahresberichte des Herzoglichen Friedrichs-Gymnasium zu Dessau i. J. 1893 unter dem Titel „Der französische Anfangsunterricht am Gymnasium nach den neuen preußischen Lehrplänen" eingehend geäußert.

Der 2. Auflage, die, abgesehen von einer geringfügigen Änderung S. 42, Z. 1, mit der ersten wörtlich übereinstimmt, habe ich in einem Anhange das nach sachlichen Gesichtspunkten geordnete Verzeichnis der französischen Wörter hinzugefügt, damit der „Wort- und Phrasenschatz durch fortgesetzte mündliche und schriftliche Verwertung in sichern Besitz umgewandelt" werde. Dieser Anhang wird von der Verlagsbuchhandlung den Besitzern der 1. Auflage auf Wunsch umsonst geliefert.

Halle S., den 22. Januar 1895.

G. Strien.

Inhalt.

I. Lectures françaises . . . . S. 1— 42
II. Deutsche Übungssätze . . . . S. 43—79
III. Wörter-Verzeichnis . . . . S. 80— 96
IV. Grammatik . . . . S. 97—113
Anhang . . . . S. 114—120

I.
Lectures françaises.

1.

A. Ma cousine Louise est à Paris.
B. 1. Qui est à Paris? 2. Qui est Louise? 3. Où est Louise?

2.

A. Mon cousin Henri est à Lyon. Mon oncle Louis et ma tante Caroline sont à Cologne.
B. 1. Qui est à Lyon? 2. Qui est Henri? 3. Où est Henri? 4. Qui est à Cologne? 5. Où est mon oncle Louis?

C.
mon	cousin	Louis	*m.*
ma	cousine	Louise	*f.*

3.

A. Où est ton père, Frédéric? — Il est dans son bureau. — Et ta mère? — Elle est dans sa chambre avec mon frère Pierre. — Adieu, mon garçon!
B. 1. Où est ta mère, Frédéric? 2. Qui est avec ta mère? 3. Qui est Pierre? 4. Et où est ton père, mon garçon?

C.
mon	ton	son
ma	ta	sa

D. Verbinde die 10 Gattungsnamen in Nr. 1—3 mit den besitz=
anzeigenden Fürwörtern mon, ton, son.

Strien, Franjöf. Elementarbuch B.   1

4.

A. Mon ami George est à Neuchâtel. Il loge à l'hôtel Bellevue. De sa chambre on a une belle vue sur le lac de Neuchâtel et sur le Mont-Blanc. George dîne à la table d'hôte.

B. 1. Qui est George? 2. Où est-il? 3. Où loge-t-il? 4. D'où a-t-on une belle vue sur le lac? 5. Où dîne ton ami?

C. le lac   la table   l'hôtel

D. Verbinde die 10 Gattungsnamen in Nr. 1—3 mit dem bestimmten Artikel.

5.

A. Charles, apporte ma bourse! — Où est-elle, maman? — Elle est sur ma commode. — Voici ton porte-monnaie, maman! — Merci, mon enfant. Allons à la poste!

B. 1. Qui apporte la bourse? 2. Où est ta maman? 3. Où est ton porte-monnaie? 4. Où est ta commode?

C.
  il
  elle } est
  on

  il
  elle } a
  on

  il
  elle } loge
  on

  est-il?
  est-elle?
  est-on?

  a-t-il?
  a-t-elle?
  a-t-on?

  loge-t-il?
  loge-t-elle?
  loge-t-on?

D. Verbinde dîne und apporte mit il, elle, on a) in der behauptenden, b) in der fragenden Form.

6.

A l'école.

A. La cloche sonne. L'enfant arrive à l'école. Le maître entre dans la classe. Il prie Dieu, et la leçon commence. L'élève écoute.

B. 1. Que fait la cloche? 2. Qui arrive? 3. Où arrive-t-il? 4. Qui entre dans la classe? 5. Que fait le maître? 6. Que fait l'élève?

D. 1. Verbinde die 3. Sing. der 6 Zeitwörter mit il, elle, on a) in der behauptenden, b) in der fragenden Form. 2. Wie lautet die 2. Sing. des Imperativs der 6 Zeitwörter?

7.

A. Quand la cloche sonne, les enfants arrivent à l'école. Les maîtres entrent dans les classes. Ils prient Dieu, et les leçons commencent. Les élèves écoutent.

B. 1. Où arrivent les enfants? 2. Quand arrivent-ils à l'école? 3. Qui entre dans les classes? 4. Que font les maîtres? 5. Que commencent-ils? 6. Que font les élèves?

C. le maître   la leçon   l'enfant
les maîtres   les leçons   les enfants

ils arrivent   arrivent-ils?
elles arrivent   arrivent-elles?

D. 1. Setze die 7 Gattungsnamen in Nr. 4 in den Plural mit dem bestimmten Artikel. 2. Verbinde die 3. Plur. der 6 Zeitwörter mit ils, elles a) in der behauptenden, b) in der fragenden Form.

8.

A. Voilà le facteur! Il apporte un journal et une carte postale. — Le journal arrive chaque jour. La carte est de mes parents. — Où sont tes parents? — Ils sont encore à la campagne.

B. 1. Qui arrive là? 2. Qu'apporte-t-il? 3. Quand arrive le journal? 4. De qui est la carte postale? 5. Qui est encore à la campagne?

C. le journal la carte mes, tes, ses
un journal une carte

D. 1. Verbinde die 7 Hauptwörter in Nr. 6 mit dem unbestimmten Artikel.
2. Setze cousin, cousine, oncle, tante, frère, ami, maître in den Plural und verbinde sie mit den besitzanzeigenden Fürwörtern mes, tes, ses.

9.
Nombres.

A. Un et un font deux. Un et deux font trois. Deux fois deux font quatre. Deux et trois font cinq. Deux fois trois font six. Trois et quatre font sept. Deux fois quatre font huit. Quatre et cinq font neuf. Deux fois cinq font dix.

B. 1. Combien font deux et cinq? 2. Combien font trois fois trois? 3. Combien font un et sept? 4. Combien font quatre fois deux? 5. Combien font sept et deux? 6. Combien font quatre et six? 7. Combien font cinq et trois?

10.
A la gare.

A. Il fait beau temps. Allons à la gare! — Quelle heure est-il? — Il est déjà une heure. Le train de Berlin arrive à deux heures. — On a déjà sonné une fois. Quel train est arrivé? — Un train de plaisir. Voilà encore un voyageur! Il a quatre billets en main. Il voyage avec sa famille.

B. 1. Quel temps fait-il? 2. Quelle heure est-il? 3. A quelle heure arrive le train de Berlin? 4. Quel train est déjà arrivé? 5. Combien de fois a-t-on déjà sonné? 6. Qui arrive là? 7. Qu'a-t-il en main? 8. Avec qui voyage-t-il?

C. on sonne   il arrive
    on a sonné   il est arrivé

D. Verwandle in Nr. 6 das *Présent* in das *Passé indéfini*.

11.
La maison.

A. Bonjour, mon cher petit ami: où demeurez-vous maintenant? — Nous demeurons rue Frédéric numéro 5. — Votre maison est-elle grande? — Oui, monsieur, notre maison est assez grande; elle a trois étages. Nous occupons le premier. — Combien de chambres avez-vous? — Nous en avons cinq: une antichambre, un salon, une salle à manger et deux chambres à coucher. — Avez-vous aussi un jardin? — Oui, monsieur, nous avons un très grand jardin et une petite cour derrière la maison.

B. 1. Dans quelle rue demeure ton père, mon petit garçon? 2. Quel numéro avez-vous? 3. Combien d'étages a votre maison? 4. Quel étage occupez-vous? 5. Combien de chambres occupez-vous? 6. Avez-vous aussi une cour? 7. Où est votre cour? 8. Votre jardin est-il grand?

C. nous av**ons**   nous demeur**ons**   n**otre**
    vous av**ez**   vous demeur**ez**   v**otre**

    un grand jardin   un petit ami
    une grande maison   une petite cour

D. 1. Bilde von den 6 Zeitwörtern in Nr. 6 die 1. u. 2. Plur.
2. Verbinde die Hauptwörter hôtel, chambre, lac, cloche, enfant, rue mit den Adjektiven grand oder petit *a)* im Sing. mit dem unbestimmten Artikel, *b)* im Plur. mit dem bestimmten Artikel.
3. Wie lautet der *Infinitif* der 6 Zeitwörter in Nr. 6?

12.
La salle d'école.

A. Notre salle d'école est grande. Elle est toujours très propre. Elle a quatre murs, un plancher et un plafond. Elle a une porte et trois fenêtres. On ferme la porte. Les fenêtres donnent sur la rue. Dans notre salle d'école il y a six bancs, un tableau noir, une armoire. Nous avons aussi une bonne carte de l'Allemagne.

B. 1. Comment est notre salle d'école? 2. Combien de murs a-t-elle? 3. Combien de fenêtres a-t-elle? 4. Où donnent-elles? 5. A-t-on fermé la porte? 6. A-t-on aussi fermé les fenêtres? 7. Combien de bancs y a-t-il dans notre classe? 8. Qu'y a-t-il encore dans notre salle d'école? 9. A quelle heure allez-vous à l'école? 10. Combien de leçons avez-vous par jour?

D. Bilde je 6 Sätze, deren Subjekte die Hauptwörter hôtel, chambre, lac, cloche, enfant, rue mit dem bestimmten Artikel und deren Prädikate die Adj. grand oder petit find, a) im Sing., b) im Plur.

13.

A. Où es-tu, Charles? — Je suis dans la cour. — As-tu déjà déjeuné? — Oui, maman, j'ai déjà mangé mon pain avec un œuf. — Joues-tu bien, mon fils? — Oui, chère maman; je joue très bien avec ma sœur Henriette. — A quel jeu jouez-vous? — Nous jouons à la balle.

B. 1. Où est Charles? 2. Qu'a-t-il mangé? 3. Comment joue-t-il? 4. Avec qui joue-t-il? 5. Qui est Henriette? 6. A quel jeu jouent les deux enfants?

C. je suis   j'ai   je joue
     tu es   tu as   tu joues

D. 1. Konjugiere im *Présent* die Zeitwörter diner, sonner, demeurer, jouer, entrer.
2. Dieselben in der fragenden Form ohne die 1. Sing.

14.
La salle à manger.

A. Dans la salle à manger il y a un grand nombre de meubles. On y trouve en tout cas une table, plusieurs chaises et un buffet. La table est ronde ou carrée. Le buffet renferme le service de table. On mange dans la salle à manger. On y fait trois repas par jour: le déjeuner, le diner et le souper. Nous y déjeunons le matin, nous y dinons à midi et nous y soupons le soir. Pour le déjeuner nous avons une tasse de café ou de lait avec un petit pain.

B. 1. Qu'y a-t-il dans une salle à manger? 2. Quels meubles y trouve-t-on? 3. Comment est la table? 4. Qu'y a-t-il dans le buffet? — 5. Que fait-on dans la salle à manger? 6. Combien de repas y fait-on par jour? 7. Quels sont les trois repas? 8. Quand déjeunez-vous? 9. Qu'avez-vous pour votre déjeuner? 10. A quelle heure dinez-vous? 11. Quand soupez-vous?

C.
propre	petit	cher	bon	beau (bel)
	petite	chère	bonne	belle
chaque	rond	premier	quel	
	ronde	première	quelle	

D. Bilde je 8 Sätze, deren Subjekte die Hauptwörter banc, chambre, salle, maison, table, armoire, pain, balle mit dem bestimmten Artikel und deren Prädikate die Adj. petit, propre, grand, cher, carré, noir, bon, rond sind, *a)* im Sing., *b)* im Plur.

15.

A. Où êtes-vous maintenant, mes enfants? — Nous sommes à l'école. — Dans quelle classe êtes-vous? — Nous sommes en quatrième. — Où avez-vous vos livres? — Ils sont encore dans nos sacs. — Posez votre livre français sur la table! Parlons un peu français!

B. 1. Où sont les élèves? 2. Dans quelle classe es-tu? 3. Combien de classes y a-t-il à notre école? 4. Où as-tu tes livres? 5. Où posez-vous vos livres français? 6. Parlez-vous français?

C. nous sommes   nos   apporte
    vous êtes   vos   parlons
                          posez

D. 1. Konjugiere Je suis petit, Je suis allé *a)* in der behaup=tenden, *b)* in der fragenden Form.
2. Bilde den *Impératif* von parler, entrer, sonner, fermer, jouer, donner.

16.

A. Les élèves apportent leurs livres et leurs cahiers dans un sac. Ils portent le sac sur le dos. Quand ils entrent à l'école, ils ôtent leurs casquettes ou leurs chapeaux et saluent leur maître. Ils posent leurs sacs sous la table. Dans leurs boîtes ils ont plusieurs plumes, un porte-plume et un crayon. Ils ont quatre à six leçons par jour. Nos élèves ont deux leçons d'histoire et quatre leçons de français par semaine.

B. 1. Qu'apportez-vous à l'école? 2. Comment apportez-vous vos cahiers et vos livres? 3. Comment portez-vous votre sac? 4. Qui saluez-vous, quand vous entrez à l'école?

5. Comment saluez-vous votre maitre? 6. Où posez-vous votre sac? 7. Qu'y a-t-il dans votre boîte? 8. Combien de leçons avez-vous par jour? 9. Combien de leçons d'histoire avez-vous par semaine? 10. Combien de leçons de français avez-vous par semaine?

C. ils / elles } ont   leur. leurs

D. 1. Konjugiere J'ai mon livre (tu as ton livre), J'ai apporté ma boîte a) in der behauptenden, b) in der fragenden Form.
2. Konjugiere Je salue mon maître, J'ôte ma casquette a) in der behauptenden, b) in der fragenden Form (ohne die 1. Sing.).

17.
Le bon élève.

A. Un bon élève a soin de tous ses objets. Il ne déchire pas ses cahiers. Il ne casse pas son ardoise. Il ne brise pas sa règle. Il ne gâte pas ses plumes et ses crayons. Il n'oublie pas ses livres. Un bon élève respecte aussi tout le mobilier qu'il y a dans la salle d'école. Il n'abîme pas les tableaux, les cartes. Il n'endommage pas les bancs. Pendant les leçons il pose les mains sur la table et ne joue pas. Il est toujours attentif et ne parle pas à son voisin.

C. je ne parle pas   nous ne parlons pas
    tu ne parles pas   vous ne parlez pas
    il ne parle pas   ils ne parlent pas
    elle ne parle pas   elles ne parlent pas

D. 1. Setze Nr. 17 in den Plural mit dem Subjekte Les bons élèves.
2. Konjugiere Je n'ai pas sonné, Je ne suis pas bien.

18.

A. Bonsoir, mon ami! Où étais-tu donc ce matin? J'étais chez vous, il n'était pas encore midi; mais vous n'étiez pas à la maison. — Mon cher Paul, nous étions tous chez ma tante Sophie: c'est sa fête aujourd'hui. Tous mes cousins et cousines étaient là. Nous avons dîné ensemble et nous avons porté la santé de ma tante.

B. 1. Où était Paul le matin? 2. A quelle heure y était-il? 3. Où était son ami? 4. Quelle fête était-ce? 5. Qui était aussi chez sa tante Sophie? 6. Qu'a-t-on fait à dîner?

C. j'étais   nous étions
    tu étais   vous étiez
    il ⎫   ils ⎫
    elle ⎬ était   elles ⎬ étaient

D. 1. Konjugiere Quand j'étais petit, je n'étais pas grand.
2. Verwandle die 9 verneinten Sätze in Nr. 17 in Verbote a) in der 2. Sing. (Ne déchire pas tes cahiers), b) in der 2. Plur. (Ne déchirez pas vos cahiers).

19.
Cornélie.

A. Cornélie, fille de Scipion, femme d'un très grand mérite, était un jour dans une réunion de dames romaines qui parlaient de leurs pierreries et de leurs parures. On demandait à Cornélie, quels bijoux elle avait. Alors elle amena ses enfants, qu'elle élevait avec beaucoup de soin: c'étaient ses bijoux, c'était sa parure.

B. 1. De qui Cornélie était-elle fille? 2. Quelle femme était-elle? 3. Où était-elle un jour? 4. De quoi parlaient les dames romaines? 5. Que demandait-on à Cornélie? 6. Qui

amena-t-elle alors? 7. Comment élevait-elle ses enfants?
8. Quels étaient donc ses bijoux?

D. 1. Konjugiere das *Imparfait* j'avais *a)* in der behauptenden, *b)* in der fragenden Form.
2. Konjugiere Je ne parlais pas de mon mérite, Je ne trouvais pas ma règle.
3. Setze in Nr. 6 das *Imparfait* statt des *Présent* ein.

20.
La cigale et la fourmi.

A. La cigale chantait pendant tout l'été. Quand l'hiver arriva, elle n'avait pas un seul petit morceau de mouche à manger. Comme elle avait faim, elle alla chez la fourmi, sa voisine, et demanda quelque chose à manger. Alors la fourmi demanda, comment elle avait passé son temps en été. „Je chantais", répliqua la cigale. — „Tu chantais? Eh bien, danse maintenant." —

B. 1. Qui chantait en été? 2. Que n'avait-elle pas à manger en hiver? 3. Chez qui alla-t-elle? 4. Que demanda-t-elle à sa voisine? 5. Que demanda alors la fourmi? 6. Quelle réponse la cigale donna-t-elle? 7. Que répliqua alors la fourmi?

D. 1. Konjugiere *a)* Je mangeais mon pain, car j'avais faim; *b)* Je n'avais pas mangé mon pain, car je n'avais pas faim.
2. Konjugiere Comment avais-je passé mon temps?
3. Setze in Nr. 13 das *Imparfait* statt des *Présent* ein.

21.
Le bûcheron et la mort.

A. Un bûcheron portait une charge de bois très pesante. Fatigué de son fardeau, il jeta le bois à terre et appela la mort. Elle arriva aussitôt et demanda, pourquoi on avait appelé. Alors le bûcheron pria la mort de recharger seulement le fardeau sur son épaule. Cette fable montre que tout le monde aime la vie malgré ses misères.

B. 1. Qui portait une charge de bois? 2. Comment était cette charge? 3. Pourquoi jeta-t-il le bois à terre? 4. Qui appela-t-il? 5. Qui arriva aussitôt? 6. Que demanda-t-elle? 7. Qu'est-ce que le bûcheron demanda à la mort? 8. Que montre cette fable?

D. 1. Konjugiere Je portais mon fardeau, mais je n'en étais pas fatigué.
2. Setze in Nr. 16 das *Impf.* statt des *Prés.* ein.
3. Ebenso in Nr. 17 mit dem Subjekte La petite Marie.

22.
Lettre.

A. Chère Hélène,

Hier j'ai eu beaucoup de plaisir. J'ai été chez Charlotte. Nous avons été bien joyeuses; nous avons chanté et joué toute l'après-midi. La mère de Charlotte a été très bonne; elle nous a donné une quantité de bonbons. Nous avons bien regretté ton absence. Tu n'as pourtant pas été malade? Donne bientôt, s'il te plait, de tes nouvelles

à ton amie

Marguerite.

B. 1. Quand Marguerite a-t-elle eu beaucoup de plaisir? 2. Chez qui a-t-elle été? 3. Qu'ont-elles fait toute l'après-midi? 4. Qui a été très bonne? 5. Qu'a-t-elle donné? 6. De qui les deux amies ont-elles regretté l'absence? 7. Qu'est-ce que Marguerite demande à Hélène?

C.   j'ai été   nous avons été
     tu as été   vous avez été
     il   } a été   ils   } ont été
     elle }   elles }

D. 1. Konjugiere j'ai été a) in der fragenden, b) in der verneinenden Form.
   2. Setze in Nr. 18 das *Passé indéf.* statt des *Impf.* ein.
   3. Konjugiere j'ai eu a) in der behauptenden, b) in der fragenden Form.

23.
Voyage à Bâle.

A. Où as-tu été pendant les vacances d'été, Jean? — J'ai été en Suisse, monsieur. J'y suis allé avec toute ma famille. — Par quel train y êtes-vous allés? — Nous montâmes dans un train de plaisir. Le train arrivait de Berlin et amenait un grand nombre de voyageurs. — Fûtes-vous seuls dans votre compartiment? — Non, monsieur, nous ne fûmes pas seuls. — Quels furent vos compagnons de voyage? — Ce furent quelques jeunes gens; mais le soir ils nous quittèrent à Francfort. — Où passâtes-vous la nuit? — En wagon, monsieur. Nous continuâmes notre voyage jusqu'à Bâle. — Quand arrivas-tu à Bâle? — Ce fut un dimanche matin que j'arrivai vers les six heures. — Fus-tu content de ton séjour dans cette ville? — Oui, monsieur, j'en fus très content. Quand nous eûmes déjeuné à la gare, nous allâmes en ville. Nous entrâmes dans une belle et grande église. Puis nous visitâmes le musée et nous y admirâmes plusieurs beaux tableaux.

B. 1. Où avez-vous été pendant vos vacances d'été, mes enfants? 2. Avec qui avez-vous fait votre voyage? 3. Dans quel train êtes-vous montés? 4. Y avait-il beaucoup de voyageurs dans ce train? 5. Avez-vous été seuls dans votre compartiment? 6. Quels compagnons de voyage aviez-vous? 7. Où quittèrent-ils le train? 8. Jusqu'où continuâtes-vous votre voyage? 9. Sur quel fleuve est située la ville de Bâle? 10. Quand arriva le train à Bâle? 11. Fûtes-vous contents de votre séjour dans cette ville? 12. Où déjeunâtes-vous? 13. Avez-vous été dans une église? 14. Avez-vous visité le musée? 15. Qu'y avez-vous trouvé?

C.
je fus	nous fûmes	j'arrivai	nous allâmes
tu fus	vous fûtes	tu arrivas	vous passâtes
il fut	ils furent	il arriva	ils quittèrent

D. 1. Konjugiere Fus-je seul? Je ne fus pas content.
2. Bilde das *Passé défini* j'eus *a)* in der behauptenden, *b)* in der fragenden Form.
3. Konjugiere Je continuai mon voyage, Je ne quittai pas mes amis.

24.
Mercure et le paysan.

A. Un paysan coupait un arbre sur le bord d'une rivière. Par malheur sa cognée tomba dans l'eau. Il chercha longtemps, mais il ne la trouva pas. Le pauvre homme fut bien affligé de sa perte. Mercure arriva. Il montra à l'homme une cognée d'or et demanda: „Est-ce ta cognée, brave homme?" — „Non, répliqua le paysan, ce n'est pas la mienne." — Le dieu présenta une cognée d'argent et demanda de nouveau, si c'était peut-être la sienne. Mais le paysan répliqua: „Ce n'est pas encore la mienne." — Enfin Mercure en montra une de fer: „C'est donc la tienne?" —

„Voici vraiment la cognée dont la perte m'afflige."
— „Garde ta cognée et les autres aussi pour prix de ta bonne foi!"

B. 1. Que coupait le paysan? 2. Où coupait-il cet arbre? 3. Quel malheur arriva? 4. Chercha-t-il bien sa cognée? 5. De quoi fut-il bien affligé? 6. Qui arriva? 7. Que montra-t-il à ce pauvre homme? 8. Que demanda Mercure? 9. Que répliqua le paysan? 10. Quelle cognée le dieu présenta-t-il alors? 11. Qu'est-ce que le paysan répliqua de nouveau? 12. Quelle cognée Mercure montra-t-il enfin? 13. A qui était vraiment cette cognée? 14. Qu'est-ce que Mercure donna à ce brave homme pour prix de sa bonne foi?

C.
la fille de Scipion	à Cornélie
la santé de ma tante	à ton amie
le bord d'une rivière	à qui
le prix de la bonne foi	à l'homme

D. Dekliniere *a)* im Sing. Charles, ma mère, un arbre, ce train, la table, l'homme, toute sa famille; *b)* im Plur. nos frères, plusieurs gens, tous mes cousins.

25.
Les oiseaux.

A. Que chantez-vous, petits oiseaux?
Je vous admire et vous écoute:
C'est Dieu qui vous a faits si beaux;
Vous le louez sans doute.

Son nom vous anime en ces bois;
Vous n'en célébrez jamais d'autre.
Faut-il que mon ingrate voix
N'imite pas la vôtre?

B. 1. Qui écoutez-vous? 2. Que font les petits oiseaux? 3. Où chantent-ils? 4. Qui les a faits si beaux? 5. Qui louent-ils sans doute? 6. Qu'est-ce qui anime les oiseaux?

C.

	ce train	cet arbre	cette fable
	ces trains	ces arbres	ces fables
le mien,	la mienne	le bois	— les bois
le tien,	la tienne	français	— français
le sien,	la sienne	la voix	— les voix
le nôtre,	la nôtre	beau	— beaux
le vôtre,	la vôtre	l'oiseau	— les oiseaux
le leur,	la leur	le tableau	— les tableaux

D. Dekliniere ce bois, cet oiseau, cette voix im Sing. u. Plur.

26.
La division du temps. I.

A. Le jour est une division du temps. Les autres divisions du temps sont l'année, le mois et la semaine. Cent ans forment un siècle. L'année ordinaire a trois cent soixante-cinq jours. Elle est divisée en douze mois. Les noms des douze mois de l'année sont: janvier, février, mars, avril, mai, juin, juillet, août, septembre, octobre, novembre, décembre. On compte les jours du premier au dernier de chaque mois. On dit: Nous avons le premier, le deux, le trois, le huit, le onze, le quinze, le dix-sept janvier. — L'année est encore divisée en quatre saisons, dont voici les noms: le printemps, l'été, l'automne et l'hiver. Le vingt et un mars est le commencement du printemps, le 21 juin celui de l'été, le vingt-deux septembre celui de l'automne et le 21 décembre celui de l'hiver.

Trente jours en novembre,
Avril, juin, septembre;
De vingt-huit il y a un,
Tous les autres en ont trente-un.

B. 1. Quelles sont les divisions du temps? 2. Combien d'ans forment un siècle? 3. Combien de jours y a-t-il dans l'année ordinaire? 4. En combien de mois est divisée l'année? 5. Quels sont les noms des mois? 6. Quels mois ont chacun trente et un jours? 7. Quels mois ont chacun trente jours? 8. Combien de jours y a-t-il en février? 9. Combien de saisons y a-t-il? 10. Quels sont les noms des quatre saisons? 11. Quels sont les mois de printemps? 12. Quels sont les mois d'été? 13. Quels sont les mois d'automne? 14. Quels sont les mois d'hiver? 15. Quel est le premier jour de chaque saison?

27.
Ma mère.

A. Depuis le jour de ma naissance
Qui donc a soin de mon enfance?
C'est celle à qui durant le jour je pense.
O! ma mère, sois mes amours
Toujours!

B. 1. Qui a soin de ton enfance? 2. A qui penses-tu durant le jour? 3. Quel est le jour de ta naissance? 4. Comment as-tu célébré ce jour?

C. sois   soyons   soyez

28.
La division du temps. II.

A. L'année a cinquante-deux semaines. La semaine a sept jours. Les noms des jours de la semaine sont: dimanche, lundi, mardi, mercredi, jeudi, vendredi, samedi. On travaille pendant six jours de la semaine. Le premier jour est le jour du Seigneur. C'est le jour du repos.

Le jour est partagé en vingt-quatre heures: l'heure est partagée en soixante minutes, la minute en 60 secondes. Les heures et les minutes sont indiquées par les horloges, les pendules et les montres. Il y a une horloge dans le clocher de notre église. Nous avons une pendule dans notre chambre. J'ai ma montre dans la poche de mon gilet. Les heures sont marquées en chiffres romains sur un cadran. Une petite aiguille marque les heures. Une grande aiguille indique les minutes.

B. 1. Combien de jours la semaine a-t-elle? 2. Quels sont les noms des jours de la semaine? 3. Quel est le premier jour de la semaine? 4. Quel est le cinquième jour? 5. Quel est le jour du Seigneur? 6. En combien d'heures est partagé le jour? 7. En combien de minutes est partagée l'heure? 8. Qu'est-ce qui indique les heures et les minutes? 9. Où y a-t-il une horloge? 10. Où y a-t-il une pendule? 11. Où as-tu ta montre? 12. Ta montre est-elle en or ou en argent? 13. Regarde ta montre! Quelle heure as-tu? 14. Comment sont marquées les heures? 15. Qu'est-ce qu'indique la petite aiguille? 16. Qu'est-ce que marque la grande aiguille?

29.
Prière pour tous.

A. Mon Dieu! donne l'onde aux fontaines;
Donne la plume aux passereaux,
Et la laine aux petits agneaux,
Et l'ombre et la rosée aux plaines.

Donne au malade la santé;
Au mendiant, le pain qu'il pleure;
A l'orphelin, une demeure;
Au prisonnier, la liberté.

B. 1. Qu'est-ce que Dieu donne aux passereaux? 2. Que donne-t-il aux petits agneaux? 3. Que faut-il aux plaines? 4. Que désire le malade? 5. Que donne-t-on au mendiant? 6. Que cherche l'orphelin? 7. Que désire le prisonnier?

C.
la division **du** temps	**au** malade
le jour **du** Seigneur	**au** prisonnier
les noms **des** jours	**aux** agneaux
les noms **des** saisons	**aux** fontaines

D. 1. Dekliniere le jour, le livre, le temps, le tableau im Sing. u. Plur.
2. Dekliniere la dame, la fourmi, l'homme, l'ami im Plur.

30.
Henri quatre et le paysan.

A. Un jour Henri quatre, roi de France, alla à la chasse. Égaré dans une forêt, il rencontra un paysan, qu'il pria d'être son guide. Le paysan, qui pensait avoir affaire à un des premiers officiers du roi, pria son compagnon de lui montrer le roi. „Je te montrerai volontiers le roi, répliqua Henri. Quand nous serons arrivés, tu resteras à côté de moi, et parmi tous ceux qui approcheront, tu remarqueras celui qui aura le chapeau sur la tête; ce sera le roi." Bientôt ils rencontrèrent les courtisans, qui parlèrent au prince, le chapeau à la main. Henri, que le paysan continuait d'accompagner, le chapeau sur la tête, se tourna vers cet homme et lui demanda: „Eh bien, qui est le roi?" — „Ma foi, monsieur, répliqua le paysan, c'est vous ou moi."

B. 1. Qui était Henri quatre? 2. Où alla-t-il un jour? 3. Où s'égara-t-il? 4. Qui rencontra-t-il? 5. Que demanda-t-il au paysan? 6. A qui le paysan pensait-il avoir affaire? 7. Que demanda-t-il à son compagnon? 8. Quelle fut la réponse de Henri quatre? 9. Comment le paysan remarquera-t-il le roi? 10. Qui rencontrèrent-ils bientôt? 11. Comment les courtisans parlèrent-ils au roi? 12. Qui garda son chapeau sur la tête? 13. Qu'est-ce que le roi demanda alors au paysan? 14. Quelle fut la réponse du paysan?

C.
je serai	nous serons	je resterai	nous resterons
tu seras	vous serez	tu resteras	vous resterez
il sera	ils seront	il restera	ils resteront

| être | celui qui | ceux qui |
| avoir | celle qui | celles qui |

D. 1. Konjugiere a) Quand j'aurai faim, je mangerai mon pain; b) J'aurai soin de tous mes objets. 2. Setze Nr. 7 in das *Futur*.

31.
Prière d'une mère.

A. Mon fils, un jour sur cette terre
Loin de ta mère
Tu marcheras.

Ah! plus puissant que ma faiblesse,
Que Dieu sans cesse
Guide tes pas!

B. 1. Loin de qui marcherons-nous un jour? 2. Qui guidera alors nos pas? 3. Qui est plus puissant que la faiblesse des hommes?

D. 1. Konjugiere Quand je marcherai loin de ma mère, Dieu guidera mes pas.
2. Setze Nr. 17 in das *Futur.*

32.
L'abeille et la brebis.

A. „As-tu un plus grand bienfaiteur que moi parmi les animaux?" demanda l'abeille à l'homme. — „Certainement," répliqua celui-ci. — „Et qui?" — „La brebis; car sa laine m'est nécessaire, tandis que ton miel ne m'est qu'agréable."

C. plus puissant que   plus grand que

D. Bilde nach dem Beispiele Notre maison est plus grande que la vôtre 6 Vergleichungssätze mit den Adj. petit, cher, propre, jeune, pesant, beau.

33.
Le petit Chaperon rouge. I.

A. Il était une fois une petite fille, la plus jolie de tout le village. Sa mère en était folle, et sa grand'mère plus folle encore. Cette bonne femme lui donna un petit chaperon rouge, qui lui allait si bien que partout on l'appelait le petit Chaperon rouge.

Un jour sa mère l'envoya chez sa grand'mère, qui demeurait dans un autre village. En passant par un bois, elle rencontra le loup. Celui-ci eut bien envie de la manger, mais il n'osa à cause de quelques bûcherons qui étaient dans la forêt. Il lui demanda où elle allait.

L'enfant répliqua: „Je porte à ma grand'mère un gâteau avec un petit pot de beurre frais que ma mère lui envoie." — „Demeure-t-elle bien loin, ta grand'mère?" lui demanda le loup. — „Oh! oui, lui répliqua le petit Chaperon rouge, c'est là-bas, à la première maison du village."

Le loup y alla par le chemin le plus court, et la petite fille par le chemin le plus long, s'amusant à faire un bouquet des petites fleurs qu'elle rencontrait.

B. 1. Qui y avait-il une fois? 2. Qui était folle d'elle? 3. Qui lui donna un chaperon rouge? 4. Comment allait-il à la petite fille? 5. Comment l'appelait-on? 6. Où sa mère l'envoya-t-elle un jour? 7. Où demeurait sa grand'mère? 8. Par où passa le petit Chaperon rouge? 9. Qui rencontra-t-elle? 10. De quoi le loup eut-il envie? 11. Pourquoi n'osa-t-il pas la manger? 12. Que demanda-t-il à la petite fille? 13. Chez qui allait-elle donc? 14. Qu'apportait-elle à sa grand'mère? 15. Qu'est-ce que le loup lui demanda encore? 16. Dans quelle maison demeurait sa grand'mère? 17. Par quel chemin le loup y alla-t-il? 18. Par quel chemin alla l'enfant? 19. A quoi s'amusa-t-elle?

34.

A. O! bien loin de la voie
Où marche le pécheur,
Chemine où Dieu t'envoie!
Enfant! garde ta joie!
Lis! garde ta blancheur!

Sois humble! Que t'importe
Le riche et le puissant?
Un souffle les emporte;
La force la plus forte,
C'est un cœur innocent!

C. le chemin le plus court   la plus jolie fille
    le chemin le plus long   la force la plus forte

D. Wie lauten die Steigerungsformen der Adj. riche, humble, agréable, nécessaire, beau, joli, long, puissant?

35.
Le petit Chaperon rouge. II. (Suite.)

A. Le loup arriva bientôt à la maison de la grand'mère. Il heurta: Toc, toc. „Qui est là?" — „C'est votre fille, le petit Chaperon rouge, répliqua le loup, qui vous apporte un gâteau et un petit pot de beurre frais que ma mère vous envoie."

La bonne grand'mère, qui était dans son lit, parce qu'elle se trouvait un peu mal, lui cria: „Tire la chevillette!" — Le loup tira la chevillette, entra, se jeta sur la bonne femme et la dévora en moins de rien. Ensuite il ferma la porte et alla se coucher dans le lit de la grand'mère.

B. 1. Où arriva le loup? 2. Que fit-il parce que la porte était fermée? 3. Que lui demanda-t-on? 4. Quelle fut la réponse du loup? 5. Où se trouvait la grand'mère? 6. Pourquoi était-elle dans son lit? 7. Que cria-t-elle au loup? 8. Que fit le loup pour entrer? 9. Sur qui se jeta-t-il? 10. Que fit-il de la bonne femme? 11. Où se coucha-t-il, quand il eut fermé la porte?

36.
La petite mendiante.

A. C'est la petite mendiante
    Qui vous demande un peu de pain;
    Donnez à la pauvre innocente,
    Donnez, donnez, car elle a faim!

Ne rejetez pas sa prière!
Votre cœur vous dira pourquoi...
J'ai six ans, je n'ai plus de mère;
J'ai faim: ayez pitié de moi!

Hier, c'était fête au village,
A moi personne n'a songé:
Chacun dansait sous le feuillage,
Hélas! et je n'ai pas mangé.

Pardonnez-moi, si je demande,
Je ne demande que du pain;
Du pain! je ne suis pas gourmande;
Ah! ne me grondez pas: j'ai faim.

B. 1. Que demande la petite mendiante? 2. Quel âge a-t-elle? 3. A-t-elle encore ses parents? 4. Pourquoi demande-t-elle du pain? 5. Qu'y avait-il hier au village? 6. Qu'a-t-on fait sous le feuillage? 7. Qui a pensé à la pauvre petite fille? 8. Que lui donneras-tu?

C.   aie   ayons   ayez

un grand nombre **de** voyageurs	combien **de** chambres?
une quantité **de** bonbons	avec beaucoup **de** soin
un morceau **de** pain	un peu **de** pain
une tasse **de** café	je n'ai plus **de** mère

37.
Le dîner.

A. Allons dîner! Garçon, la carte, s'il vous plaît! — Quel potage désirent ces messieurs? — Donnez-moi de la soupe au riz. — A moi, un bouillon. — Quel vin désirez-vous, messieurs, du rouge ou du blanc? — Donnez-nous une bouteille de vin rouge. Comme plat de viande vous nous donnerez du bœuf. Quelle sorte de rôti avez-vous? — Nous avons du veau et du gibier. — Donnez-nous du rôti de veau. Quels légumes y a-t-il? — Il y a de la salade, des pommes de terre et des haricots verts. — Comme dessert, qu'est-ce qu'il y a? — Pour le dessert, il y a des pommes, des poires, des prunes, des pêches, des abricots et du raisin.

B. 1. Où avez-vous dîné hier? 2. Quel potage avez-vous eu? 3. Quel vin vous a-t-on apporté? 4. Quel plat de viande y avait-il? 5. Quel rôti avez-vous commandé? 6. Quels légumes y avait-il? 7. Qu'avez-vous eu pour le dessert?

C. du pain de la soupe des légumes
  du bœuf de la salade des pommes
  du veau   des poires

  pardonnez-moi donnez-moi
  ne me grondez pas donnez-nous

D. 1. Verbinde die Subst. lait, beurre, miel, café, or, argent, fer, bois, laine, ombre mit dem *Article partitif* im Sing.
2. Verbinde die Subst. in Nr. 17 mit dem *Art. part.* im Plur.

38.
Énigme.

A. Je suis aux champs avec ma tête,
Dans la basse-cour sans ma tête;
Je suis très grand avec ma tête,
Je suis très petit sans ma tête;
Brun, gris, blanc, noir avec ma tête,
Et toujours très blanc sans ma tête.

B. 1. Où trouve-t-on le bœuf? 2. Où trouve-t-on l'œuf? 3. Lequel des deux est beaucoup plus grand que l'autre? 4. De quelle couleur sont les bœufs? 5. De quelle couleur sont les œufs?

39.
Exercice de prononciation.

Du pain sec et du fromage,
C'est bien peu pour déjeuner.
On me donnera, je gage,
Autre chose à mon dîner:
Car Didon dîna, dit-on,
Du dos d'un dodu dindon.

40.
Le petit Chaperon rouge. III. (Fin.)

A. Quelque temps après, le petit Chaperon rouge heurta à la porte: Toc, toc. „Qui est là?" — La grosse voix du loup fit d'abord peur à la petite fille; mais, pensant que sa grand'mère était enrhumée, elle répliqua: „C'est votre fille, le petit Chaperon rouge, qui vous apporte un gâteau et un petit pot de beurre frais que ma mère vous envoie."

Le loup lui cria: „Tire la chevillette!" Le petit Chaperon rouge tira la chevillette et entra. Elle fut bien étonnée de l'air qu'avait sa grand'-mère et lui dit: „Ma grand'mère, que vous avez de grands bras!" — „C'est pour mieux t'embrasser, ma fille." — „Ma grand'mère, que vous avez de grandes oreilles!" — „C'est pour mieux écouter, mon enfant." — „Ma grand'mère, que vous avez de grands yeux!" — „C'est pour mieux regarder, mon enfant." — „Ma grand'mère, que vous avez de grandes dents!" — „C'est pour te manger." A ces mots, le méchant loup se jeta sur le petit Chaperon rouge et le mangea.

B. 1. Qui arriva quelque temps après? 2. Que fit-elle, comme elle trouvait la porte fermée? 3. Que demanda alors le loup? 4. Pourquoi la petite fille eut-elle peur? 5. Que pensa-t-elle de sa grand'mère à cause de la grosse voix? 6. Que répliqua-t-elle? 7. Que lui cria le loup? 8. De quoi le petit Chaperon rouge fut-il étonné? 9. Comment trouva-t-elle les bras de sa grand'mère? 10. A quoi les grands bras étaient-ils bons? 11. Que pensa-t-elle des oreilles de sa grand'mère? 12. A quoi les grandes oreilles étaient-elles bonnes? 13. Comment trouva-t-elle les yeux de sa grand'mère? 14. A quoi les grands yeux étaient-ils bons? 15. Comment trouva-t-elle les dents de sa grand'-mère? 16. A quoi les grandes dents étaient-elles bonnes? 17. Que fit alors le méchant loup?

C. de grands bras   de grandes oreilles
    de grands yeux   de grandes dents

en pass**ant**   s'amus**ant**   pens**ant**

D. 1. Verbinde die Subst. beurre, viande; raisin, pommes; mains, maisons; enfants, filles; chemins, histoires mit dem Teilungs= artikel und den Adj. *a)* bon, beau, joli, gentil, long, welche vor die Subst., *b)* frais, vert, propre, attentif, agréable, welche hinter die Subst. gestellt werden.
2. Bilde das *Participe présent* der 6 Zeitwörter in Nr. 6.

41.

A. Lorsque les petits garçons
    Sont gentils et sages,
      On leur donne des bonbons,
    De belles images;

Mais quand ils se font gronder,
C'est le fouet qu'il faut donner.
La triste aventure,
O gai!
La triste aventure.

B. 1. Que donne-t-on aux petits garçons, quand ils sont sages? 2. Que leur donne-t-on, quand ils se font gronder? 3. A qui arrive donc la triste aventure?

C.

on **me** donnera	la perte **m'**afflige
s'il **te** plaît	Dieu **t'**envoie
elle **lui** donna	vous **le** louez
	le loup **la** dévora
elle **nous** a donné	ils **nous** quittèrent
s'il **vous** plaît	je **vous** admire
on **leur** donne	qui **les** a faits?

D. Conjuguer Je me trouve, Je me levais, Je me jetai, Je me coucherai.

42.
Énigme.

A. Un bon vieux père a douze enfants,
Ces douze en ont plus de trois cents,
Ces trois cents en ont plus de mille,
Ceux-ci sont blancs, ceux-là sont noirs;
Et par de mutuels devoirs
Un repos éternel dure en cette famille.

B. 1. Qui est le bon vieux père qui a douze enfants? 2. Quels sont les noms de ces douze enfants? 3. De combien de petits-enfants est-il l'aïeul? 4. De combien d'arrière-petits-enfants est-il le bisaïeul? 5. Lesquels de ces enfants sont blancs? 6. Lesquels sont noirs? 7. Qu'est-ce qui dure dans cette nombreuse famille? 8. Pourquoi dure ce repos éternel?

C. celui-ci ceux-ci celui-là ceux-là
celle-ci celles-ci celle-là celles-là

43.
La pluie.

A. Un marchand, qui avait été à la foire, s'en retournait à cheval. Derrière lui se trouvait sa valise pleine d'argent. La pluie tombait avec violence, et le bon homme était mouillé jusqu'aux os. Il était donc très mécontent et murmurait de ce que Dieu ne lui donnait pas un meilleur temps pour son voyage. Bientôt il arriva dans une forêt épaisse. Un brigand, qui se trouvait au bord du chemin, le coucha en joue; mais, la poudre étant mouillée par la pluie, il manqua son coup. Le marchand donna de l'éperon à son cheval et gagna une auberge, où il fut en sûreté.

Alors il pensa en lui-même: „Combien j'avais tort de ne pas supporter patiemment la pluie comme un bienfait de la Providence! Si le temps avait été sec et beau, je serais mort, et je nagerais dans mon sang à l'heure qu'il est."

B. 1. D'où retournait le marchand? 2. Comment voyageait-il? 3. Où avait-il sa valise? 4. De quoi était-il mécontent? 5. De quoi murmurait-il? 6. Où arriva-t-il? 7. Qui trouva-t-il au bord du chemin? 8. Que fit le brigand? 9. Pourquoi manqua-t-il son coup? 10. Où se sauva le marchand?

11. Que pensa-t-il alors de la pluie? 12. Qu'est-ce qui serait arrivé si le temps avait été beau?

D. Konjugiere das *Plus-que-parfait* j'avais été a) in der fragenden, b) in der verneinenden Form.

44.
Le coq et la perle.

A. Un jour un coq détourna
Une perle, qu'il donna
Au beau premier lapidaire.
— „Je la crois fine, dit-il;
Mais le moindre grain de mil
Serait bien mieux mon affaire."

B. 1. Qu'est-ce que le coq trouva un jour? 2. A qui donna-t-il la perle? 3. Que pensait-il de la perle? 4. Qu'aimait-il mieux que la perle?

45.
La ruse.

A. Un voyageur arriva vers le soir dans une auberge de campagne. Ayant mené son cheval à l'écurie, il entra dans la chambre de l'auberge pour se chauffer, car il avait bien froid. Mais il trouva toutes les places autour de la cheminée occupées par les paysans du voisinage, et aucun d'eux ne bougea. „Portez vite à mon cheval une douzaine d'huîtres!" dit-il à l'hôte. — „A votre cheval? Est-ce que votre cheval mangerait des huîtres?" — „Exécutez seulement mon ordre", répliqua le voyageur. — A ces mots tous les paysans volent à l'écurie et notre homme se chauffe. — „Monsieur, dit l'hôte en rentrant, je l'aurais gagé sur ma tête: le cheval refuse de manger les huitres." — „En ce cas, répliqua le voyageur, qui avait eu le temps de bien se chauffer, je les mangerai moi-même."

B. 1. Où arriva le voyageur vers le soir? 2. Où mena-t-il son cheval? 3. Où entra-t-il pour se chauffer? 4. Quelles places trouva-t-il occupées? 5. Qui occupait ces places? 6. Quel ordre le voyageur donna-t-il à l'hôte? 7. Où allèrent alors les paysans? 8. Qu'est-ce que le voyageur gagna par cette ruse? 9. Que dit l'hôte en rentrant? 10. Qu'est-ce que le voyageur pensait faire des huîtres?

C. je serais   j'aurais   je nagerais

étant   ayant

D. 1. Konjugiere das *Conditionnel* je serais *a)* in der fragenden, *b)* in der verneinenden Form.
2. Konjugiere *a)* Aurais-je tort? *b)* Je n'aurais pas gagé; *c)* Si j'avais froid, je me chaufferais.

46.

A. Enfants de l'école,
Travaillez gaiement;
Chaque instant s'envole;
Profitez du temps!

B. 1. Comment travailleront les enfants à l'école? 2. De quoi profiteront-ils? 3. Pourquoi faut-il profiter du temps?

C. gaie**ment**   certaine**ment**   seule**ment**

D. Wie lauten die *Adverbes* von brave, propre, agréable, humble, pauvre, ordinaire; plein, dernier, éternel, attentif, joyeux, frais?

47.
Les deux voyageurs.

A. Un paysan, nommé Thomas, et son ami Lubin allaient à pied tous deux à la ville prochaine. En chemin Thomas trouva une bourse pleine de louis et l'empocha aussitôt. „Quelle bonne fortune pour nous!" s'écria Lubin. — „Non, répliqua Thomas froidement, *pour nous* n'est pas bien dit: *pour moi*, c'est différent." Lubin ne souffla plus mot.

En quittant la plaine, ils entrèrent dans une épaisse forêt. Des voleurs se jetèrent sur eux et leur demandèrent la bourse ou la vie. Thomas, tremblant, dit: „Nous sommes perdus!" — „Non, répliqua Lubin, *nous* n'est pas le vrai mot; mais *toi*, c'est autre chose." A ces mots il s'échappa à travers le bois. Thomas, immobile de peur, tira sa bourse et la donna.

Qui ne songe qu'à soi quand la fortune est bonne, n'a point d'amis dans le malheur.

B. 1. Quels sont les noms des deux voyageurs? 2. Où allaient-ils tous deux? 3. Que trouva Thomas en chemin? 4. Qu'en fit-il? 5. Que dit Lubin de la bonne fortune? 6. Qu'est-ce que son ami répliqua? 7. Où arrivèrent-ils bientôt? 8. Qui se jeta sur eux? 9. Que demandèrent les voleurs? 10. Que dit Thomas en tremblant? 11. Que répliqua Lubin? 12. Comment s'échappa-t-il? 13. Que fit Thomas? 14. A qui avait-il pensé quand la fortune était bonne? 15. Qu'est-ce qui lui arriva donc dans le malheur?

C. **moi**-même **toi,** c'est différent derrière **lui (elle)**
pour **nous** c'est **vous** sur **eux** **(elles)**
qui ne songe qu'à **soi**

D. Konjugiere *a)* Je serai chez moi; *b)* Je suis plus grand que toi (tu es plus grand que lui).

48.

A. „Est-il vrai qu'en paradis
On n'aura plus rien à faire?"
Demandait Paul à sa mère.
„Très vrai; mais nul n'est admis,
Mon enfant, en paradis,
S'il n'a travaillé sur terre."

C. personne n'a songé à moi   je n'ai plus de mère
aucun ne bougea   on n'aura rien à faire
nul n'est admis   vous ne célébrez jamais
il n'a point d'amis   je ne demande que du pain

D. Konjugiere a) Je n'ai pas été chez moi; b) Je n'ai pas eu d'argent sur moi.

49.
Lettre badine
d'un père à son petit fils.

A. J'ai été très content, mon bon petit Jacques, de ta lettre et du verbe *grandir* que tu m'as envoyé. Je te donnerai aussi un petit échantillon de conjugaison, mais je me bornerai à quelques temps de l'*indicatif*, c'est bien assez pour une fois.

Je te *chéris*, mon cher Jacques; *tu* me *chéris* aussi, et maman te *chérit; nous* vous *chérissons* également ta sœur et toi, parce que vous êtes tous les deux nos enfants, et que *vous* nous *chérissez* aussi également l'un et l'autre; mais précisément parce que vos parents vous *chérissent* tant, il faut tâcher de le mériter tous les jours davantage.

Je te *chérissais*, mon enfant, lorsque *tu* ne me *chérissais* point encore; et ta mère te *chérissait* peut-être encore plus. *Nous* vous *chérissions* tous les deux lorsque *vous* ne *chérissiez* encore que votre nourrice, et que ceux qui vous *chérissaient* n'avaient point encore le plaisir du retour.

Je te *chérirai* et *tu* me *chériras* toujours, et il ne sera pas facile de deviner lequel des deux *chérira* le plus l'autre. *Nous* ne *chérirons* cependant nos enfants, ni moi, ni votre maman, que dans le cas où vous *chérirez* vos devoirs. Mais je n'aurai point de soucis sur ce point, et je suis sûr que votre papa et votre maman vous *chériront* toujours.

Marque-moi, mon enfant, si tu es content de cette conjugaison, et quels temps y sont pour l'*indicatif*. Adieu, mon cœur!

B. 1. Quel verbe Jacques avait-il envoyé à son père? 2. En a-t-il été content? 3. Quel échantillon de conjugaison le père donne-t-il à son fils? 4. Combien de temps du verbe *chérir* y a-t-il dans la lettre? 5. Quels sont ces temps? 6. Qui de vous dira *le présent de l'indicatif?* 7. Qui dira *l'imparfait de l'indicatif?* 8. Et qui dira *le futur?* 9. Qu'est-ce que le père demande à son fils à la fin de sa lettre?

D. Konjugiere: Je grandis, je grandissais, je grandirai.
Ne chéris-je pas mes parents?
Je ne te chérissais pas encore (Tu ne le ch. p. e.).
Chérirai-je toujours mon devoir?

50.
Le castor.

A. Le castor établit sa petite demeure au bord de l'eau; il scie des branches d'arbres, les enfonce dans la rivière et bâtit une espèce de pilotis; il remplit les intervalles avec de la terre; il la pétrit avec les pieds et la queue. Sur ce pilotis, il bâtit une maisonnette; il y établit ses magasins, c'est-à-dire les provisions d'écorces dont il se nourrit, et y jouit en paix de la vie. Au moindre danger, il avertit ses compagnons; ceux-ci plongent dans l'eau et se cachent dans leurs asiles.

B. 1. Où le castor établit-il sa demeure? 2. Avec quoi la bâtit-il? 3. Où enfonce-t-il les branches? 4. Avec quoi remplit-il les intervalles? 5. Comment pétrit-il la terre? 6. Que bâtit-il sur ce pilotis? 7. Qu'est-ce qu'il y établit? 8. De quoi se nourrit-il? 9. Comment jouit-il de la vie? 10. Qui avertit-il au moindre danger? 11. Que font les castors pour s'échapper? 12. Où se cachent-ils?

D. 1. Setze das Stück in den *Plur.*: Les castors établissent.
2. Konjugiere: Je bâtis ma maison et j'y établis mon magasin.
Ne jouissais-je pas de ma vie?
Je n'avertirai pas mes compagnons.

51.
Bonsoir.

A. Bonsoir!
Sœurs et frères, au revoir!
A la fin de la journée,
Bénissons la destinée
Qui nous réunit le soir.
Bonsoir!

Bonsoir!
Que c'est doux, mon Dieu, d'avoir
Le bonheur dans la famille,
Et de s'endormir tranquille,
Sous son toit béni, le soir.
Bonsoir!

Bonsoir!
Demain travail et devoir!
Pour accomplir notre ouvrage
Cherchons un nouveau courage
Dans la prière, ce soir.
Bonsoir!

B. 1. Qui bénirons-nous à la fin de la journée? 2. Pourquoi la bénirons-nous? 3. De quel bonheur jouissons-nous? 4. Comment vous endormirez-vous? 5. Que dit-on le soir à ses frères et sœurs? 6. A quoi faut-il songer demain? 7. Où chercheras-tu le courage nécessaire pour accomplir ton ouvrage?

D. 1. Konjugiere: Je réunis toute ma famille.
Je bénissais ma destinée.
N'accomplissais-je pas bien mon ouvrage?
Je m'endormirai tranquillement.
2. Bilde den *Impér.* zu den drei erften Beifpielen.

52.
La Mort choisit son premier ministre.

A. La Mort, reine du monde, réunit un jour toute sa cour aux enfers. Il s'agissait de choisir un premier ministre; car la Mort espérait que sous un bon ministre ses États fleuriraient encore davantage. Pour remplir cet emploi, la Fièvre, la Goutte et la Guerre s'avancèrent à pas lents du fond du Tartare; c'étaient trois sujets excellents. La Mort leur fit bon accueil. Ensuite arriva la Peste. Nul n'osait contester son mérite; la Mort même balançait. Mais du moment que les Vices s'offrirent, elle n'hésita plus; elle choisit l'Intempérance.

B. 1. Qui est appelée la reine du monde? 2. Où réunit-elle sa cour un jour? 3. De quoi s'agissait-il? 4. Qu'est-ce que la Mort espérait d'un bon ministre? 5. Qui s'avança d'abord pour remplir cet emploi? 6. D'où arrivèrent-elles? 7. Pourquoi leur fit-on bon accueil? 8. Qui arriva ensuite? 9. Que pensait-on de son mérite? 10. Qui balançait même? 11. Qui s'offrit encore pour la place de ministre? 12. Quel vice la Mort choisit-elle enfin pour premier ministre?

D. 1. Konjugiere: Je réunis mes amis dimanche dernier (lundi etc.).
Ne choisis-je pas bien mon temps?
Je remplirais mon devoir.
Je ne m'offrirais pas.

2. Konjugiere L'arbre fleurit und La famille se réunit im *Sing.* und *Plur.* der 5 einfachen Zeiten.

53.
Le jeu après le travail.

A. Allons gaîment nous divertir:
Cette heure est bien choisie;
Sans crainte on jouit du plaisir,
Quand la tâche est finie.

B. 1. Qu'allez-vous faire? 2. Avez-vous déjà fini votre tâche? 3. Quand jouit-on du plaisir sans crainte? 4. Quelle heure faut-il donc choisir pour se divertir?

D. Konjugiere: N'ai-je pas fini mon travail?
Si je n'avais pas accompli ma tâche, je n'aurais pas joui de mes vacances.
Quand j'aurai fini ma tâche, je me divertirai.

54.
A la station.

A. Faut-il descendre à la prochaine station, mon père? — Oui, ma fille; nous descendrons tout de suite. Ne perdez pas de vue nos bagages en descendant, mes enfants! Attends donc un peu,

Jean; ne descends pas encore! Je te défends de descendre avant l'arrêt complet du train... A présent, descendons! Il y a beaucoup de voyageurs qui descendent; ils attendent comme nous l'arrivée d'un autre train. — Conducteur! Combien de minutes d'arrêt y a-t-il? Il ne répond pas; probablement il n'a pas entendu ma question.

B. 1. Où se trouve Jean? 2. Avec qui voyage-t-il? 3. Où arrive la famille? 4. Qu'est-ce que le père défend à Jean? 5. Quand faut-il descendre du train? 6. Que ne faut-il pas perdre de vue en descendant du wagon? 7. Qui est encore descendu du train? 8. Qu'est-ce qu'ils attendent? 9. A qui le père adresse-t-il une question? 10. Quelle est cette question? 11. Pourquoi le conducteur ne répond-il pas?

D. Konjugiere: J'attends ma sœur
Je ne descends pas encore ⎱ auch im *Impér.*
Je ne les perds pas de vue ⎰

55.
Le moineau.

A. Je suis un oiseau gourmand et paresseux; je ne rends aucun service. Je confonds le mien et le tien avec facilité et je réponds fort mal aux vues de la Providence. J'entends d'ailleurs le moindre bruit et par conséquent je me défends facilement des pièges que l'on me tend.

Voilà ce que dit de moi le naturaliste; mais si j'enlève par an quelques litres de blé au laboureur, je le débarrasse d'une foule d'ennemis; je le défends contre les insectes nuisibles. Je prétends donc avec raison que je suis plus utile que nuisible.

B. 1. Comment le naturaliste appelle-t-il le moineau? 2. Qu'est-ce que le moineau confond avec facilité? 3. Qu'enlève-t-il au laboureur? 4. Que prétend cependant le moineau? 5. De quoi débarrasse-t-il le laboureur? 6. Contre qui le défend-il? 7. Que tend-on au moineau? 8. Pourquoi se défend-il facilement de ces pièges?

D. Setze das Stück in die 1. Plur.: Nous sommes des oiseaux g. und in die 3. Plur.: Les moineaux sont des ois. g.

56.
L'enfant aimé du Seigneur.

A. O bienheureux mille fois
L'enfant que le Seigneur aime,
Qui de bonne heure entend sa voix,
Et que ce Dieu daigne instruire lui-même!
Loin du monde élevé, de tous les dons des cieux
Il est orné dès sa naissance,
Et du méchant l'abord contagieux
N'altère point son innocence.
Heureux, heureux mille fois
L'enfant que le Seigneur rend docile à ses lois!

B. 1. Quel enfant est bienheureux? 2. Quelle voix entend-il de bonne heure? 3. Qui daigne l'instruire? 4. Où est-il élevé? 5. De quoi est-il orné dès sa naissance? 6. Qu'est-ce qui n'altère point son innocence? 7. A quoi le Seigneur le rend-il docile?

D. Konjugiere: Je me rends utile.
N'entends-tu pas ma question?
Je te défends.

57.
Charles douze.
1.

A. Frédéric quatre, roi de Danemark, Auguste, électeur de Saxe et roi de Pologne, et Pierre le

Grand, empereur de Russie, s'entendirent pour combattre le jeune roi Charles douze de Suède. Celui-ci n'attendit pas l'attaque de ses ennemis; il descendit dans l'île de Seeland. Copenhague, investie par terre et par mer, se rendit, et Charles finit cette guerre en moins de six semaines. Dans le même temps le roi de Pologne investissait la ville de Riga, capitale de la Livonie, qui était au roi de Suède. La ville se défendit bravement et rendit inutiles tous les efforts des assiégeants de manière que le roi de Pologne fut forcé de lever le siège.

B. 1. Quels sont les noms des trois princes qui combattirent Charles douze? 2. De quel pays Charles était-il roi? 3. Que n'attendit-il pas? 4. Dans quelle île descendit-il? 5. Quelle est la capitale du Danemark? 6. Pourquoi se rendit-elle à Charles? 7. En combien de temps cette guerre fut-elle finie? 8. Quelle ville était investie par le roi de Pologne? 9. A qui était alors la Livonie? 10. Comment se défendit la ville? 11. Qu'est-ce que les assiégeants furent forcés de faire?

D. Konjugiere: Je me défendis bravement contre mes ennemis. Je ne me rendis pas à mon adversaire.

II.

A. Il ne restait donc plus à Charles XII, pour achever sa première campagne, que de marcher contre Pierre le Grand, qui assiégeait la ville de Narva. Le trente novembre mil sept cent, Charles attaqua avec huit mille Suédois le camp où quatre-vingt mille Russes l'attendaient. Après trois heures de combat les Russes sont battus. Ils passent la rivière de Narva; le pont rompt sous les fuyards;

en un moment la rivière est couverte de morts. Les autres, désespérés, retournèrent à leur camp; ils se défendirent encore parce qu'il leur était impossible de se sauver. Enfin leurs généraux se rendirent. Les Suédois n'avaient pas perdu six cents hommes; dix-huit mille Russes avaient péri dans leurs retranchements.

B. 1. Contre qui Charles XII marcha-t-il pour achever la campagne? 2. Quelle ville Pierre le Grand assiégeait-il? 3. Combien de Suédois Charles avait-il avec lui? 4. Combien de Russes l'attendaient? 5. Où l'attendaient-ils? 6. Quel jour livra-t-on bataille? 7. Qui fut battu? 8. Quelle rivière les Russes passèrent-ils? 9. Qu'est-ce qui arriva? 10. Où retournèrent ceux qui restaient? 11. Que firent-ils? 12. Combien de Russes périrent dans leurs retranchements? 13. Combien d'hommes tombèrent du côté des Suédois?

D. Konjugiere: Je ne t'attendais pas.
J'ai bien défendu ma place.

III.

A. Le 8 juillet 1709 Charles perdit la bataille de Pultava contre les Russes, malgré la bravoure de ses soldats. Il franchit la frontière de la Turquie et y passa plusieurs années. On n'entendit plus parler de lui en Europe, et on pensa qu'il était mort. Enfin le 1er octobre 1714 il quitta la Turquie, accompagné d'un seul officier suédois, nommé During. A la fin de la première journée, During tomba malade en descendant de cheval. Le roi lui demanda, combien il avait d'argent. During lui répondit qu'il avait environ mille écus en or. „Donne-m'en la moitié, dit le roi, je finirai mon voyage tout seul;

il ne faut pas perdre mon temps." During, persuadé que le roi ne l'attendrait pas, tira à part le maître de poste et le pria de donner à son compagnon de voyage le plus méchant cheval de son écurie. Quand lui-même eut reposé quelques heures, il monta dans une voiture traînée par de forts chevaux. De cette manière il réussit à rencontrer le roi au point du jour. Ils continuèrent ensemble leur route. Après seize jours de course, ils arrivèrent à Stralsund, alors chef-lieu de la Poméranie suédoise.

B. 1. Quelle bataille Charles perdit-il contre Pierre le Grand? 2. Quand se livra cette bataille? 3. Comment combattirent les Suédois? 4. Dans quel pays se retira Charles? 5. Combien de temps y passa-t-il? 6. Que pensait-on de lui en Europe? 7. Quand quitta-t-il la Turquie? 8. De qui était-il accompagné? 9. Qu'est-ce qui arriva à cet officier à la fin de la première journée? 10. Combien d'argent avait-il sur lui? 11. Qui lui en demanda la moitié? 12. Qu'est-ce que Charles douze pensait faire? 13. Quelle ruse employa l'officier pour retarder le voyage du roi? 14. Comment réussit-il à rencontrer le roi? 15. Devant quelle ville arrivèrent-ils après une course de seize jours?

D. Konjugiere: Je te répondrai lundi prochain.
Si j'attendais plus longtemps, je perdrais mon temps.
Dans quel hôtel descends-tu? ⎫ im *Sing.* u. *Plur.*
Le général descend de cheval ⎭ der 5 einf. Zeiten.

II.
Deutsche Übungssätze.

1.

1. Wer ist in Paris? Luise ist in Paris. 2. Wer ist Luise? Luise ist meine Base. 3. Wo ist Luise? Meine Base ist in Paris.

2.

1. Heinrich ist mein Vetter. 2. Wo ist Heinrich? Mein Vetter ist in Lyon. 3. Wer ist in Köln? Meine Tante Karoline und meine Base Luise sind in Köln. 4. Mein Onkel Ludwig ist in Paris.

3.

1. Wo ist dein Onkel, Peter? Er ist in Köln mit seinem Knaben. 2. Mein Vater ist in seiner Schreibstube. 3. Wo ist deine Mutter, Friedrich? Sie ist in ihrem Zimmer. 4. Mit wem ist dein Bruder? Er ist mit seinem Vetter Heinrich. 5. Lebe wohl, meine Mutter! 6. Peter ist in seinem Zimmer. 7. Seine Base Karoline ist in Köln.

4.

1. Georg ist mein Freund. 2. Sein Vater und seine Mutter sind in Neuenburg. 3. Wo wohnt deine Tante? Sie wohnt im Gasthof. 4. Hat man eine schöne Aussicht von ihrem Zimmer? 5. Wo ist dein Bruder? Er ist auf dem See mit seinem Freunde. 6. Von dem Gasthofe hat man eine schöne Aussicht auf den See. 7. Wo speist dein Vetter? Er speist im Gasthofe. 8. Man speist an der Wirtstafel. 9. Auf dem

Mont-Blanc hat man eine schöne Aussicht. 10. Wo ist dein Zimmer, mein Junge? 11. Mein Zimmer ist schön. 12. Dein Tisch ist schön, mein Freund. 13. Bellevue ist der Gasthof, wo Georg wohnt. 14. Lebe wohl, mein Freund!

5.

1. Wo ist deine Börse, Mama? Sie liegt (ist) auf dem Tische. 2. Luise ist in ihrem Zimmer. 3. Karl hat meinen Geldbeutel. 4. Hat er das Geld in seiner Börse? 5. Laß uns auf den See gehen! 6. Wer bringt seine Kommode? 7. Laßt uns zu (à) Tisch gehen! 8. Peter speist in seinem Zimmer. 9. Laß uns in den Gasthof gehen, mein Onkel! 10. Hier ist die Post, mein Kind! 11. Man bringt deine Kommode. 12. Danke, mein Vater! 13. Bringe deinen Geld=
beutel! 14. Mein Freund Heinrich ist auf der Post. 15. Von der Post hat man eine schöne Aussicht auf den See.

6.

1. Man läutet. 2. Laß uns in die Schule gehen! 3. Wo ist deine Base? Sie ist in der Schule. 4. Karoline kommt in der Schule an, sie tritt in die Klasse ein. 5. Man betet [zu] Gott. 6. Der Lehrer beginnt die Stunde. 7. Beginne deine Aufgabe, Luise! 8. Der Schüler beginnt seine Aufgabe. 9. Läute die Glocke, Friedrich! 10. Georg kommt auf der Post an. 11. Was thut der Schüler? Er hört zu. 12. Mein Vetter Karl kommt aus Köln an. 13. Der Wirt tritt in (dans) das Amtszimmer ein. 14. Wer tritt in dein Zimmer? 15. Das Kind kommt aus der Schule an. 16. Tritt ein, mein Junge! 17. Wer läutet? 18. Mama hört hin. 19. Hier ist mein Lehrer! 20. Höre zu, Peter!

7.

1. Die Glocken läuten. 2. Wo sind Karoline und Luise? Sie sind in der Schule. 3. Was thun die Schülerinnen? Sie hören zu. 4. Die Kinder beten. 5. Mein Onkel und meine Tante wohnen im Gasthof. 6. Wo speisen sie? Sie speisen an der Wirtstafel. 7. Wenn die Glocke läutet, treten die Lehrer

in die Klassen ein. 8. Sie beginnen die Stunden. 9. Die Knaben treten ins Zimmer, sie kommen aus der Schule an. 10. Die Zimmer sind schön. 11. Mein Vater ist auf (à) der Börse. 12. Man läutet die Glocken.

8.

1. Da ist die Zeitung und eine Postkarte! 2. Von wem ist die Postkarte? Sie ist von meinem Freunde Fritz. 3. Wo ist er? Er ist noch auf dem Lande. 4. Die Zeitung kommt jeden Tag aus Köln an. 5. Wo sind deine Vasen? Sie sind noch auf dem See. 6. Jede Klasse hat ihren Lehrer. 7. Der Knabe bringt eine Karte von seinem Vater. 8. Die Briefträger treten in das Amtszimmer ein. 9. Die Glocke läutet jeden Tag. 10. Hat er noch seine Eltern? 11. Hat sie noch ihre Eltern? 12. Laßt uns aufs Land gehn, meine Kinder! 13. Der Briefträger bringt die Zeitung jeden Tag. 14. Da sind meine Eltern! 15. Da ist eine schöne Karte! 16. Deine Karten sind schön, mein Freund. 17. Der Briefträger tritt in die Post ein. 18. Meine Brüder sind noch in der Schule.

9.

$1 + 1 = 2.$ $2 + 1 = 3.$ $3 + 1 = 4.$ $4 + 1 = 5.$
$5 + 1 = 6.$ $6 + 1 = 7.$ $7 + 1 = 8.$ $8 + 1 = 9.$
$9 + 1 = 10.$ $1 + 2 = 3.$ $3 + 2 = 5.$ $5 + 2 = 7.$
$7 + 2 = 9.$ $2 + 2 = 4.$ $4 + 2 = 6.$ $6 + 2 = 8.$
$8 + 2 = 10.$ ‖ $1 + 3 = 4.$ $4 + 3 = 7.$ $7 + 3 = 10.$
$2 + 3 = 5.$ $5 + 3 = 8.$ $3 + 3 = 6.$ $6 + 3 = 9.$
$1 + 4 = 5.$ $5 + 4 = 9.$ $2 + 4 = 6.$ $6 + 4 = 10.$
$3 + 4 = 7.$ $4 + 4 = 8.$

$1 \times 2 = 2.$ $2 \times 2 = 4.$ $2 \times 3 = 6.$ $2 \times 4 = 8.$
$2 \times 5 = 10.$ $1 \times 3 = 3.$ $2 \times 3 = 6.$ $3 \times 3 = 9.$
$1 \times 4 = 4.$ $2 \times 4 = 8.$ $1 \times 5 = 5.$ $2 \times 5 = 10.$

10.

1. Laßt uns in die Schule gehen! Mit Vergnügen. 2. Es ist Zeit. 3. Um wieviel Uhr beginnen die Stunden? Sie beginnen um 2 Uhr. 4. Wann kommt dein Onkel an?

Er kommt um 4 Uhr mit seiner Familie an. 5. Da ist der Berliner Zug! 6. Wie oft hat man schon geläutet? 7. Ein Sonderzug ist um ein Uhr angekommen. 8. Der Briefträger hat zwei Postkarten in [der] Hand. 9. Was für Wetter ist es? Es ist schönes Wetter. 10. Das schöne Wetter macht Vergnügen. 11. Dein Bruder hat eine schöne Hand[schrift]. 12. Welche schöne Aussicht! Sie macht Vergnügen. 13. Meine Familie ist noch auf dem Lande. 14. Läute noch einmal! 15. Der Zug fährt in den Bahnhof ein. 16. Ihre Hand ist schön. 17. Ihre Hände sind schön. 18. Mein Vetter Heinrich hat jeden Tag vier Stunden. 19. Hier sind zwei Fahrkarten! 20. Der Reisende hat seine Fahrkarte in [der] Hand. 21. Mit wem reist er?

11.

1. Mein Onkel und meine Tante wohnen Friedrichstraße Nr. 7. 2. Sie wohnen in einem großen und schönen Hause. 3. Das Haus hat vier Stockwerke. 4. Sie haben das erste Stockwerk inne. 5. Unser Garten ist groß und schön. 6. Euer Haus ist groß und schön. 7. Unser Schlafzimmer ist sehr groß. 8. Man speist in dem Eßzimmer. 9. Mein Vetter Ludwig ist auf (dans) der Straße. 10. Unser Haus hat die Nummer 10. 11. Wohin geht ihr? Wir gehen auf die Post. 12. Guten Tag, mein Herr! 13. Meine Tante ist um 2 Uhr angekommen. 14. Meine Brüder sind aufs Land gegangen. 15. Tretet ihr in den Hof ein? 16. Unser Garten liegt (ist) hinter dem Hause. 17. Ludwig ist ein guter Schüler. 18. Mein Großvater (grand-père) ist nach Paris gereist (allé).

12.

1. Unser Schulzimmer ist ziemlich groß und immer sehr reinlich. 2. Unsere Schulzimmer sind ziemlich groß und immer sehr reinlich. 3. Jedes Zimmer hat vier Wände, einen Fußboden und eine Decke. 4. Mein Schlafzimmer hat zwei Fenster. 5. Seine Fenster gehen nach dem Hofe hinaus. 6. Hat man die Thüren und die Fenster zugemacht? 7. Mache die Thüre zu! 8. In dem Vorzimmer giebt es zwei schwarze Schränke.

9. Hat er reine Hände (die Hände rein)? 10. Meine Hände sind rein. 11. Wieviel Bänke giebt es in eurem Schulzimmer? 12. Giebt es auch eine gute Karte in eurem Schulzimmer? Ja, mein Herr, es giebt deren (en) zwei. 13. Deutschland ist groß. 14. Unser Eßzimmer liegt nach dem Garten hinaus. 15. Euer Garten ist schön. 16. Die Thüre ist zugemacht. 17. Die Thüren sind zugemacht. 18. Es giebt drei Karten auf deiner Kommode. 19. Alle unsere Bänke sind reinlich. 20. Um wieviel Uhr schließt ihr euer Haus zu? Wir schließen unser Haus um 10 Uhr zu. 21. Das Amtszimmer ist geschlossen von ein Uhr bis (à) drei Uhr. 22. Die Karte liegt (ist) hinter dem Schranke. 23. Meine Kommode ist schwarz. 24. Die Decke ist weiß. 25. Mein Zimmer im Gasthof liegt nach dem See hinaus.

13.

A. Henriette, wo bist du? — Ich bin in dem Garten mit meinem Bruder Karl. — Habt ihr schon gefrühstückt, meine Kinder? — Ja, liebe Mutter, wir haben schon unser Brot und ein Ei gegessen. — Spielt ihr ordentlich (gut)? — Ja, Mama, wir spielen ordentlich. — Welches ist euer Spiel? — Wir spielen Ball.

B. 1. Ich habe meine Eier mit Vergnügen gegessen. 2. Karl und Henriette sind Geschwister (Bruder und Schwester). 3. Karl, spiele mit deiner Schwester! 4. Ihr habt gut gespielt. 5. Euer Ball ist ziemlich klein. 6. Du spielst immer, mein Sohn. 7. Die Eier sind teuer. 8. Hast du meinen Ball gefunden, meine liebe Schwester? 9. Wie befindest du dich (bist du) jetzt, mein Sohn? Ich befinde mich (bin) sehr gut, mein lieber Vater. 10. Meine Schwester ist noch klein. 11. Wo bist du, mein Schwesterchen (kleine Schwester)? Ich bin im Eßzimmer. 12. Ich habe deinen Ball hinter dem Schranke gefunden. 13. Bist du auf der Straße, Karl? Wir spielen auf der Straße. 14. Wie (que) [3]groß [2]bist [1]du, mein Sohn! 15. Wieviel Schwestern hast du? Ich habe drei Schwestern. 16. Karl ist schon ein großer Junge; er ist ein guter Sohn. 17. Die beiden (zwei) Schwestern spielen gut. 18. Eure Tassen sind teuer.

14.

1. In dem Eßzimmer findet man eine große Anzahl von Möbeln. 2. Es giebt in jedem Falle einen Tisch und mehrere Stühle. 3. Die Tische sind rund oder viereckig. 4. Wir haben einen runden Tisch. 5. Habt ihr einen viereckigen Tisch? 6. Giebt es einen Speiseschrank in eurem Eßzimmer? 7. Er enthält das Tischgeschirr. 8. Wir haben die Postkarte auf dem Tische gefunden. 9. Der Tisch, welcher in unserm Empfangszimmer steht (ist), ist rund. 10. Die Wandtafel ist viereckig. 11. Wir haben eine große Anzahl von Freunden. 12. Was steht euch zu Diensten (was giebt es für euren Dienst)? 13. In einem Empfangszimmer finden wir eine große Anzahl von Möbeln. 14. Wie gefällt euch (wie findet ihr) unser Haus? Es ist sehr schön und ziemlich groß. 15. Es giebt mehrere Sonderzüge, welche ankommen. 16. Da ist ein großer und schöner Speiseschrank! 17. Schließe das Tischgeschirr in den Speiseschrank ein! 18. Mein Zimmer steht euch jedenfalls zu Diensten (ist zu (à) eurem Dienste). 19. Das erste Stockwerk enthält mehrere Zimmer.

20. In dem Eßzimmer nimmt (macht) man täglich drei Mahlzeiten ein. Welches sind die drei Mahlzeiten? 21. Zum Frühstück bekommt (habt) ihr ein oder zwei Brötchen mit einer Tasse Milch oder Kaffee. 22. Wir frühstücken zweimal. 23. Habt ihr eure kleinen Tassen gefunden? 24. Wie schmeckt euch (findet ihr) die Milch? Sie ist sehr gut. 25. Meine Eltern sind mit mehreren Freunden aufs Land gegangen; sie essen dort zu Abend. 26. Der Reisende ist in ein Kaffeehaus eingetreten. 27. Habt ihr in einem Kaffeehause gefrühstückt? 28. Wie schmeckt euch unser Kaffee? Wir finden euern Kaffee sehr gut. 29. Das Brot ist jetzt ziemlich teuer. 30. Die Milch ist weiß. 31. Auf jeden Fall essen wir im Gasthof zu Mittag. 32. Hier ist eine Tasse Milch! Danke, Mama! 33. Um wieviel Uhr eßt ihr zu Abend? 34. Habt ihr schon zu Mittag gegessen? 35. Man bringt die Semmeln (weißen Brötchen). 36. Wir frühstücken um 7 Uhr. 37. Guten Abend, mein Herr! 38. Wir beten jeden Morgen und jeden Abend.

39. Betet ihr bei (à) Tisch? 40. Jeden Abend bringt der Briefträger die Zeitung.

15.

A. Die Schüler sind jetzt in der Schule. Unsere Schule hat neun Klassen. Ihr seid in der vierten. Ihr habt eure Bücher in euren Tornistern gebracht. Legt alle das französische Buch auf den Tisch! Sprecht ein wenig französisch mit eurem Lehrer!
B. 1. Sprichst du schon französisch, mein Sohn? Ein wenig, mein Herr. 2. Sprecht ihr schon französisch in euren Stunden? 3. Wieviel Stunden (de) Französisch habt ihr? 4. Legt die Hände auf den Tisch! 5. Was hast du in [der] Hand? Ich habe ein französisches Buch in [der] Hand. 6. Wieviel französische Bücher hast du? Ich habe deren zwei. 7. Macht eure Bücher zu! 8. Die Bücher sind zugemacht. 9. Die Schüler bringen die Bücher in einem Tornister. 10. Wir haben mehrere Bücher in unsern Tornistern. 11. Jeder Schüler legt sein Buch auf den Tisch. 12. Jede Schülerin legt ihr Buch auf den Tisch. 13. Seid ihr Geschwister? Ja, mein Herr, wir sind Geschwister. 14. Unser Lehrer spricht gut französisch. 15. Von wem sprichst du? Ich spreche von meinem Freunde Peter. 16. Mit (à) wem hast du gesprochen? Ich habe mit einem Reisenden gesprochen. 17. Du bist sehr gütig, Mama. 18. Ihr habt sehr wenig gesprochen. 19. Hier ist eine französische Zeitung! 20. Mein Tornister enthält meine Bücher.

16.

A. Wir bringen unsere Bücher und unsere Hefte in einem Tornister. Wir tragen unsere Tornister auf dem Rücken. Wenn wir in die Schule eintreten, nehmen wir unsere Hüte oder unsere Mützen ab. Wir grüßen unsere Lehrer. Wenn wir in die Klasse eingetreten sind, legen wir unsere Tornister unter den Tisch. In unsern Kasten haben wir einen Federhalter, einen Bleistift und mehrere Federn. Jeden Tag haben wir vier oder sechs Stunden. Jede Woche haben wir vier französische Stunden.

B. 1. Die Schüler nehmen ihre Mützen vor (à) ihren Lehrern ab. 2. Unsere Schüler tragen eine schwarze Mütze. 3. Nehmt eure Mützen ab vor euren Lehrern! 4. Wir haben deine Mutter gegrüßt. 5. Die Eltern lieben ihre Kinder. 6. Die Woche hat sieben Tage. 7. Meine Schwestern haben wöchentlich drei Stunden Geschichte. 8. Wo ist dein Federhalter? 9. Wieviel Federn hast du in deinem Kasten? Ich habe deren zwei. 10. Nimm dein Buch weg! 11. Sie hat eine große schwarze Feder auf ihrem Hute. 12. Die Knaben machen ihre Tornister zu. 13. Grüßet meinen Vetter wohl! 14. Sie haben eine schöne Geschichte in ihrem französischen Buche gefunden. 15. Man hat deinen Bleistift unter deiner Kommode gefunden.

17.

A. Wir tragen Sorge für alle unsere Sachen. Wir zerreißen unsere Bücher nicht. Wir verderben unsere Hefte nicht. Wir zerbrechen die Bleistifte nicht. Wir vergessen unsere Federkasten (b. à plumes) nicht. Wir zerbrechen unsere Lineale nicht. Wir schonen auch die Möbel, welche es in unserm Schulzimmer giebt. Wir beschädigen die Bänke nicht. Wir verderben die Karten nicht. Während der Lehrstunden spielen wir nicht und sprechen (wir) nicht mit unsern Nachbarn. Wir legen die Hände auf den Tisch und (wir) sind aufmerksam.

B. 1. Ich finde mein französisches Heft nicht. 2. Du machst die Thür nicht zu? 3. Meine Schwester liebt das Spiel nicht. 4. Wir sprechen nicht französisch. 5. Ihr spielt nicht ordentlich. 6. Sie frühstücken nicht zweimal. 7. Unser Eßzimmer liegt nicht nach der Straße hinaus. 8. Klingele nicht! 9. Man bringt die Zeitung nicht. 10. Wir haben nicht das ganze Stockwerk inne. 11. Gehen wir nicht! 12. Der Zug kommt nicht an. 13. Achtet eure Lehrer! 14. Wer hat die Karte beschädigt? 15. Er hat sein Brot nicht gegessen. 16. Die Eier sind nicht teuer. 17. Deine Tasse ist nicht groß. 18. Eure Tassen sind nicht groß. 19. Du trägst nicht Sorge für deine Sachen. 20. Sie thut ihren Dienst nicht gut. 21. Du bist nicht aufmerksam, Georg. 22. Du bist nicht aufmerksam, Luise. 23. Unser Hof ist nicht groß. 24. Mein Vetter ist nicht in

seiner Schreibstube. 25. Das Fenster ist nicht zugemacht.
26. Das Wetter ist nicht schön. 27. Die Schiefertafel ist
nicht rein.

18.

A. Guten Abend, meine Freunde! Wo waret ihr denn
heute (diesen) morgen? Ich war bei euch um 11 Uhr, aber
euer Haus war geschlossen. — Wir waren alle bei meinem
Onkel Heinrich; er hat heute seinen Namenstag. Unsere Eltern
und alle unsere Vettern waren mit uns. Um ein Uhr sind
wir zu Tisch gegangen. Mein Bruder Karl hat die Gesundheit
unseres Onkels ausgebracht.
B. 1. Wer hat heute seinen Namenstag? Es ist meine
Schwester Henriette. 2. Ich war um 5 Uhr nicht zu Hause.
Wo warst du denn? 3. Wir gehn alle zusammen. 4. Heute
morgen hat der Briefträger mehrere Postkarten für meinen
Vater gebracht. 5. Die Gesundheit meiner Tante Sophie ist
gut. 6. Wieviel Uhr war es denn, als du bei uns warst?
7. Euer Vater war nicht in seinem Zimmer. 8. Meine Eltern
waren noch nicht zu Hause. 9. Wir waren zusammen auf dem
See. 10. Wohin warst du gegangen? Ich war auf die Post
gegangen. 11. Warst du in einem Kaffeehause? Ich war nicht
dort. 12. Die Kölner Zeitung war noch nicht angekommen.
13. Ich war der erste in der Schule. 14. Die Post war schon
zugemacht. 15. Dieser Zug war noch nicht in den Bahnhof
eingefahren. 16. Das Wetter war schön, als wir auf dem
Bahnhofe waren. 17. Das Fest unserer Schule war schön.

19.

A. Kornelia war die Tochter des Scipio. Sie war eine
verdienstvolle Frau (e. Fr. von Verdienst). Sie erzog ihre
Kinder mit vieler Sorgfalt. Ihre Kinder waren sehr gut
erzogen. Eines Tages war Kornelia in einer Gesellschaft
römischer Damen. Man sprach von Geschmeide und Schmuck.
Eine Dame fragte Kornelia, welches ihre Juwelen wären (waren).
Da führte sie ihre Kinder herbei: „Hier sind meine Juwelen."

4*

B. 1. Scipio war ein sehr verdienstvoller Römer (ein R. von einem sehr großen Verdienste). 2. Kornelia war eine römische Dame. 3. Die römischen Damen sprachen eines Tages von ihren Juwelen. 4. Sie sprachen mit vielem Vergnügen von ihrem Geschmeide. 5. Meine Kinder sind meine Juwelen. 6. Dieser Knabe ist gut erzogen. 7. Seine Schwester ist auch gut erzogen. 8. Führt diesen Knaben her! 9. Ich habe meinen kleinen Bruder in die Schule geführt. 10. Dieser Herr hatte viele Verdienste. 11. Meine Tante Sophie ist die Frau meines Onkels Karl. 12. In welcher Gesellschaft warst du? 13. Er hatte viele Freunde. 14. Es fand ein großes Fest statt (es gab). 15. Dein Verdienst ist nicht groß, mein Freund. 16. Man hatte noch nicht geläutet. 17. Wir haben noch nicht zu Abend gegessen. 18. Die Fenster waren nicht geschlossen. 19. Der Reisende fragte, wo der Gasthof Bellevue wäre (war). 20. Die französischen Stunden haben noch nicht begonnen. 21. Eine französische Dame ist bei uns angekommen. 22. Ein Franzose hatte das erste Stockwerk unseres Hauses inne. 23. Es fand eine große Damengesellschaft bei meiner Mutter statt. 24. Deine Hände sind nicht rein genug, mein Junge.

20.

A. Die Cikade hatte während des ganzen Sommers gesungen. Als der Winter gekommen war, fand sie nicht eine einzige Fliege zu essen. Da ging sie zu ihrer Nachbarin, der Ameise, und fragte, ob (si) sie nicht etwas zu essen hätte (hatte). „Wie hast du denn die Zeit im Sommer zugebracht?" fragte die Ameise. — „Ich habe immer gesungen", erwiderte die Cikade. — „Du hast immer gesungen, meine Liebe? Nun wohl, tanze jetzt!" —

B. 1. Wo waret ihr während des Sommers? Wir haben den ganzen Sommer auf dem Lande zugebracht. 2. Hast du etwas zu essen? 3. Wir haben nicht ein einziges Stückchen Brot zu essen. 4. Die Cikade frißt viele Fliegen. 5. Im Winter tanzt man viel. 6. Sie tanzte nicht in unserer Gesellschaft. 7. Unser Nachbar sang immer. 8. Wir singen in der Schule. 9. Singe ein wenig, liebe Nachbarin! 10. Der Lehrer läßt (fait) die Kinder singen. 11. Meine Töchter tanzten mit vielem Vergnügen. 12. Giebt es etwas zu essen? 13. Was giebt es zu essen? 14. Hast du Hunger? Mich hungert nicht. 15. Ihr habt Hunger? Eßt ein Stück Brot. 16. Dieser kleine Knabe hungert.

21.

A. Ein Holzhauer, welcher eine Tracht Holz auf seiner Schulter trug, war von seiner schweren Last ermüdet. Er warf das Holz zur Erde. Dann rief er den Tod. Der Tod kam sogleich an und fragte: „Warum hast du gerufen?" Der Holzhauer erwiderte: „Lade, ich bitte, diese Last wieder auf meine Schulter!" — Diese Antwort zeigt, wie sehr (combien) der Holzhauer das Leben trotz seiner Leiden liebte.

B. 1. Wohin habt ihr das Holz getragen? 2. Diese Last war sehr schwer. 3. Wir waren sehr ermüdet, als wir zu Hause ankamen. 4. Sie fand diese Fabel sehr schön. 5. Die Börse oder das Leben! 6. Unser Nachbar brachte das Kind auf seiner Schulter. 7. Die Mutter betete für das Leben ihres Kindes. 8. Warum hatte man geläutet? 9. Von wem hast du das Leben? 10. Zeigt doch eure französischen Hefte! 11. Warum hattest du die Fenster geschlossen? 12. Wo und wie hatte er den Tod gefunden? 13. Warum singt ihr immer? 14. Wir haben alle das Leben lieb. 15. Dieser Ball ist ziemlich schwer. 16. Hast du deinen Bruder gerufen? 17. Werft den Ball! 18. Dieser Tisch ist von Holz. 19. Werft eure Tornister nicht auf die Erde! 20. Zeige dieses Stück Holz! 21. Wir brachten die Gesundheit dieser Dame aus. 22. Diese Glocke ist sehr schwer.

22.

A. Margarete hat gestern ein großes Vergnügen gehabt. Sie hat den ganzen Nachmittag bei ihrer Freundin Charlotte zugebracht. Die beiden kleinen Mädchen sind sehr lustig gewesen; sie haben immer gesungen und gespielt. Sie haben auch eine Menge Zuckerwerk bekommen (eu). Dennoch haben sie die Abwesenheit ihrer Freundin Helene bedauert, welche während mehrerer Tage krank gewesen ist.

B. 1. Der Briefträger hat uns gestern mehrere Briefe und eine Postkarte gebracht. 2. Wo seid ihr gewesen? Wir sind auf dem Bahnhofe gewesen. 3. Klingele gefälligst! 4. Man hat eure Abwesenheit sehr bedauert. 5. Wie hast du den Nachmittag zugebracht? Ich habe mit meinen Brüdern gespielt; wir sind sehr fröhlich gewesen. 6. Heinrich ist heute morgen nicht in der Schule gewesen; er ist krank. 7. Man hat eine Menge Briefe an meinem Namenstage gebracht. 8. Gebt bald Nachrichten von euch (v. euren N.), meine Kinder! 9. In (en) meiner Abwesenheit sind viele Briefe von meinen Freunden angekommen. 10. Die beiden kleinen Mädchen sind krank gewesen. 11. Bist du gestern in der Schule gewesen? 12. Dein lieber (guter) Brief hat uns viel Vergnügen gemacht. 13. Warum bedauert ihr seine Abwesenheit? 14. Diese Frau ist sehr zu (à) bedauern. 15. Man hat uns gestern die Nachricht von seinem Tode gebracht. 16. Habt ihr Hunger gehabt? 17. Meine Vettern sind während des ganzen Sommers nicht auf dem Lande gewesen. 18. Margarete ist ein [1]kleines [3]lustiges [2]Mädchen. 19. Hat er unsere Briefe in den Kasten geworfen? 20. Mein lieber Sohn, bist du bei deinem Lehrer gewesen? 21. Sie hatte eine Menge Sachen vergessen. 22. Die Gesundheit meines Onkels ist während des ganzen Winters nicht gut gewesen. 23. Ihr seid bald müde gewesen.

23.

A. Mein lieber Freund!

Vielen Dank für (merci bien de) Deinen lieben Brief. Du fragst, wo ich meine Sommerferien zugebracht habe. Ich bin mit meiner ganzen Familie in der Schweiz gewesen. An dem Tage (Acc.), wo die Ferien begannen, stiegen wir in einen Sonderzug, der von Berlin kam. Es gab eine große Anzahl Reisender in diesem Zuge. Mehrere junge Leute waren unsere Reisegefährten bis Frankfurt; aber angekommen in dieser Stadt, verließen sie den Zug. Von da (an) waren wir allein in unserem Abteil, wo wir die Nacht zubrachten. Gegen 6 Uhr (des) morgens kamen wir in Basel an. Wir frühstückten auf dem schweizerischen Bahnhofe; dann setzten wir unsere Reise bis

Neuenburg fort, wo wir gegen Mittag ankamen. Diese Stadt liegt sehr schön (ist sehr gut gelegen) an dem Neuenburger See. Das Wetter war schön. Wir hatten eine schöne Aussicht auf den Mont=Blanc. Wir besuchten auch das Museum, wo es eine Menge guter Gemälde giebt. Dann aßen wir im Gasthof Bellevue zu Mittag. — Das ist genug für heute. Lebe wohl, lieber Karl; grüße gefälligst vielmals (wohl) Deine Geschwister von

Deinem Freunde

Hans.

B. 1. Wie habt ihr die Nacht zugebracht? Sehr gut, danke. 2. Wir waren sehr zufrieden mit unserm Aufenthalte in der Schweiz. 3. Diese junge Dame war allein in einem Abteil erster Klasse. 4. Seid ihr Sonntag in (à) der Kirche gewesen? 5. Unsere Kirche ist klein, aber sie ist schön. 6. Viele Reisende haben schon unsere Kirche bewundert. 7. Hattet ihr mehrere Reisegefährten? Nur ein junges Mädchen. 8. Mathilde ist ein ³wohlerzogenes ¹junges ²Mädchen. 9. Viele junge Mädchen **tanzen gern** (lieben zu (à) tanzen). 10. Diese jungen Leute haben die Nacht im Gasthofe zugebracht. 11. Dieser Herr hat einen **mehrwöchentlichen** Aufenthalt (A. von mehreren Wochen) in der Schweiz genommen (gemacht). 12. Die Stadt Basel liegt am Rhein. 13. Es giebt eine sehr große Anzahl von Städten, welche am Rhein liegen. 14. Der Rhein ist ein großer Fluß. 15. Die Stadt Frankfurt liegt am Main. 16. Wie viele Abteilungen gab es in eurem Eisenbahnwagen? 17. Das ist ein Abteil für Damen. 18. Meine Vettern **essen heute auswärts** (in der (en) Stadt). 19. Dieser Brief ist an Herrn Georg **hier** (in der Stadt). 20. Warst du mit deinem Bleistift zufrieden? Nein, mein Lieber, er war nicht gut. 21. Sonntag ist der erste Tag der Woche. 22. Wie gefällt dir (findest du) unsere Stadt? Sie ist sehr schön. 23. Wir haben noch ein wenig schweizerisches Geld.

24.

A. Ein armer Bauer hatte angefangen, einen Baum ab= zuhauen, der am Ufer eines kleinen Flusses stand (war). Zum Unglück war seine Axt in den Fluß gefallen. Lange hatte er in dem Wasser gesucht, aber er hatte seine Axt nicht gefunden. Er bedauerte diesen Verlust sehr. Merkur kam an und fragte, warum er betrübt wäre (war). Dann suchte der Gott in dem Wasser, zeigte eine goldene Axt und fragte, ob es vielleicht die Axt wäre (war), welche in den Fluß gefallen war. Der brave Bauer erwiderte, daß es nicht die seinige wäre (war). Als Merkur eine silberne Axt darbot, entgegnete der brave Mann noch einmal: „Das ist nicht die meinige." Endlich brachte der Gott eine eiserne Axt. — „Wahrlich, das ist die meinige!" — „Nun wohl, da ist deine Axt! Behalte auch die beiden ersten; sie sind der Lohn deiner Ehrlichkeit."

B. 1. Das Kind ist vielleicht ins Wasser gefallen. 2. Hast du vielleicht ein wenig kölnisches Wasser? 3. Das Unglück dieses armen Holzhauers war groß. 4. Wir suchten lange, aber wir fanden die Fahrkarte nicht. 5. Dieses Gemälde ist mit viel Sorgfalt gemacht. 6. Gebt diesem armen Kinde ein wenig Geld. 7. Man hat viel Gold in diesem Flusse gefunden. 8. Man hat drei Preise bei (à) dem Feste unserer Schule gegeben. 9. Jedermann bewunderte die Ehrlichkeit dieses armen Mannes. 10. Behaltet euer Geld! 11. Man findet viel Gold, Silber und Eisen in der Erde. 12. Eine Fliege war in die Milch gefallen. 13. Gieb diesem armen Mädchen ein Stück Brot. 14. Es befindet sich eine kleine silberne Glocke auf dem Tische. 15. Mein Federhalter ist aus (en) Eisen. 16. Unser Tischgeschirr ist aus Silber. 17. Die Eltern waren sehr betrübt über den Verlust ihres Kindes. 18. Diese Fabel zeigt uns, welches der Lohn der Ehrlichkeit ist. 19. Ist das dein Bleistift? Nein, mein Freund, es ist nicht der meinige. 20. Eine französische Dame ist während ihres Aufenthaltes in unserer Stadt krank geworden (tomber m.)

25.

A. Wir bewundern die kleinen Vögel, welche Gott so schön gemacht hat. Wir hören ihre Stimmen an, wenn sie in den Wäldern singen. Ohne Zweifel loben sie Gott, dessen Name sie beseelt. Sie preisen niemals einen andern Namen. Wir sind undankbar, wenn wir nicht ihr Beispiel nachahmen.

B. 1. Gestern feierten wir das Fest unseres Onkels. 2. Wem gehört (ist) dieses Heft? Es ist ohne Zweifel das deinige. 3. Sprecht niemals von euren Verdiensten. 4. Man muß niemals einen Mann ohne Verdienst loben. 5. Dieser Vogel hat eine schöne Stimme. 6. Die Stimme dieses Vogels ist nicht schön. 7. Er ahmt sehr gut die Stimmen mehrerer Vögel nach. 8. Welches ist der Name eures Briefträgers? 9. Höre diesen kleinen Vogel! Er singt so schön (gut). 10. Ahmt den (Acc.) guten Schülern nach! 11. Man lobt die Schüler, welche gut zuhören. 12. Unser Garten ist nicht so groß als (que) der eurige. 13. Euer Haus ist nicht so groß als das unsrige. 14. Giebt es etwas (de) Neues? 15. Du bist niemals zufrieden, du bist ein Undankbarer. 16. Wo ist denn dein Bruder? Wir suchen ihn schon lange. 17. Man muß diesen Baum abhauen. 18. Diese Kinder sind nicht undankbar gewesen. 19. Wir sind niemals so ermüdet gewesen als heute. 20. Laßt uns die guten Beispiele nachahmen!

26.

A. $20 + 2 = 22$. $22 + 2 = 24$. $24 + 2 = 26$. $26 + 2 = 28$. $28 + 2 = 30$. $30 + 2 = 32$. $32 + 2 = 34$. $34 + 2 = 36$. $36 + 2 = 38$. $21 + 2 = 23$. $23 + 2 = 25$. $25 + 2 = 27$. $27 + 2 = 29$. $29 + 2 = 31$. $31 + 2 = 33$. $33 + 2 = 35$. $35 + 2 = 37$. $37 + 2 = 39$.

$2 \times 10 = 20$. $2 \times 11 = 22$. $2 \times 12 = 24$. $2 \times 15 = 30$. $2 \times 17 = 34$. $3 \times 8 = 24$. $3 \times 9 = 27$. $3 \times 10 = 30$. $3 \times 11 = 33$. $3 \times 12 = 36$. $4 \times 5 = 20$. $4 \times 6 = 24$. $4 \times 7 = 28$. $4 \times 8 = 32$. $4 \times 9 = 36$. $5 \times 5 = 25$. $5 \times 6 = 30$. $5 \times 7 = 35$. $6 \times 6 = 36$. $7 \times 9 = 63$. $8 \times 8 = 64$. $4 \times 17 = 68$. $4 \times 15 = 60$. $3 \times 21 = 63$.

102. 107. 111. 128. 139. 164. 203. 217. 222. 236. 261. 304. 315. 321. 333. 362. 423. 531. 612. 763. 827. 939.

B. 1. Es giebt jährlich zwölf Monate. 2. Der Monat hat vier Wochen und einige Tage. 3. Juli ist der siebente Monat des Jahres; er hat 31 Tage. 4. Dezember ist der letzte Monat des Jahres. 5. Das neue Jahr beginnt den ersten

Januar; wir nennen diesen Tag den Neujahrstag (den Tag des Jahres). Man sagt dann zu seinen Freunden: Glückliches (gutes) Jahr! 6. In welcher Jahreszeit sind wir jetzt? 7. Der Frühling beginnt den 21. März. 8. Dieser Brief ist am (den) 3. August angekommen. 9. Der Namenstag meines Vetters ist am 8. April. 10. Ein Sonderzug ist am 15. dieses Monats in Basel angekommen. 11. Mein Vater ist 63 Jahr alt (hat 63 J.). 12. Im (en) Juli haben wir unsere vierwöchentlichen Ferien (F. von einem Monat) gehabt. 13. Diese Schüler sitzen (sind) in (en) Tertia. 14. Die französischen Stunden beginnen in Quarta. 15. Ist das dein Heft oder dasjenige deines Bruders? 16. Hast du recht (gut) gezählt? 17. Zähle gefälligst das Geld noch einmal. 18. Man muß mit viel Sorgfalt zählen. 19. Du zählst immer auf (sur) die andern. 20. Was sagt man von seinem Tode?

27.

A. Eine gute Mutter trägt Sorge für ihre Kinder seit dem Tage ihrer Geburt. Sie behütet sie während ihrer Kindheit. Wenn die Kinder nicht undankbar sind, so zeigen sie ihrer Mutter ihre Liebe. Sie betrüben diejenige nicht, von der sie das Leben haben. Die guten Kinder denken immer an ihre teuren Eltern.

B. 1. Mein Geburtstag ist am 17. März. 2. Wie habt ihr deinen Geburtstag gefeiert? 3. Laßt uns Freunde sein! 4. Seid zufrieden! 5. Das Wetter ist schön gewesen seit dem 5. Mai. 6. Die Cikade hatte nicht an den Winter gedacht. 7. Wir hatten gedacht, einen fröhlichen Nachmittag zusammen zu[zu]bringen. 8. Denke doch, wir sind gestern gegangen, das Museum [zu] besuchen. 9. Unsere Nachbarin ist immer krank gewesen während des letzten Jahres ihres Lebens. 10. Die Ihrigen haben ihren Tod sehr bedauert.

28.

1. Meine Uhr ist von Silber, aber diejenige meines Bruders Hans ist von Gold. 2. Die seinige giebt auch die Sekunden an. 3. In Neuenburg macht man viele Taschenuhren.

4. Wieviel Uhr ist es an (à) der Uhr des Bahnhofs? 5. Es giebt eine schöne Wanduhr in unserem Eßzimmer. 6. Auf dem Zifferblatte befinden sich zwölf römische Ziffern. 7. Fritz hat seine Uhr verdorben. 8. Seid ihr schon auf dem Kirchturme unserer Stadt gewesen? 9. Mittwoch hatte Georg das Unglück, in den See zu (de) fallen. 10. Donnerstag nachmittag denken wir unsere Reise fortzusetzen. 11. Die Unterrichtsstunden beginnen Freitag. 12. Sonntag sind wir in der Kirche gewesen. 13. Meine Kinder, liebt den Herrn euren Gott! 14. Bete und arbeite! 15. Betet und arbeitet! 16. Wir arbeiten (während) sechs Tage der Woche. 17. Wir zählen die Minuten und die Sekunden. 18. Wo hast du deine Nähnadel, Margarete? 19. Seit langer Zeit haben wir nicht zusammen gespielt. 20. Nimm die Hände aus deiner Tasche! 21. Nehmt die Hände aus euren Taschen! 22. Dieser Herr trägt eine weiße Weste. 23. Sieh dieses Gemälde an! Ist es nicht schön? 24. Mein Onkel Ludwig ist noch nicht 50 Jahre alt. 25. Ich habe einen kleinen Bleistift in der Tasche meiner Weste. 26. Seht diese Karte an! Wo liegt Deutschland? 27. Jede Jahreszeit hat ihre Vergnügen. 28. Dienstag brachte die Zeitung die Nachricht von der Geburt eines kleinen Mädchens.

29.

1. Bei (à) dem Beginne der Stunde hat der Lehrer das Gebet gesprochen (gemacht). 2. Es ist Gott, welcher den kleinen Lämmern die Wolle giebt. 3. Gebet dem Bettler ein Stück Brot! 4. Gieb von deinem Brote demjenigen, der Hunger hat! 5. Man hat dem armen Gefangenen die Freiheit gegeben. 6. Die Waise beweint den Tod ihrer Eltern. 7. Wir suchen eine andere Wohnung. 8. Dieser Bauer trägt eine wollene Weste (W. von Wolle). 9. Der Baum stand an (à) dem Ufer einer Quelle. 10. Unser Landhaus (maison de c.) liegt in einer Ebene am Ufer eines kleinen Sees. 11. Merkur zeigte dem betrübten Bauern drei Äxte, von denen die eine aus Gold, die andere aus Silber, die dritte aus Eisen war. 12. Warum weinst du, Hans? 13. Zu Mittag suchten wir den Schatten. 14. Eine große Anzahl Sperlinge besetzten die Bäume unseres Gartens.

15. Weine nicht, meine Tochter! 16. Dieser Baum giebt viel Schatten. 17. Was wünscht ihr? 18. Wir sahen die jungen Lämmer an, welche in der Ebene spielten.

30.

A. Heinrich der Vierte war König von Frankreich. Er war ein sehr gütiger König. Eines Tages ging er auf die Jagd. Er verirrte sich in einem Walde und bat einen Bauern, welchen er traf, sein Führer zu sein. Der Bauer glaubte mit (à) einem Offiziere des Königs [zu] sprechen. Er begleitete ihn gern, nur bat er seinen Begleiter, ihm den König zu zeigen. Heinrich der Vierte entgegnete: „Mit Vergnügen werde ich dir den Fürsten zeigen. Bleibe nur neben mir. Wenn wir ankommen werden, wirst du alsbald den König bemerken; es wird derjenige sein, der den Hut auf dem Kopfe behalten wird." Als sie den Wald verlassen hatten, trafen sie die Höflinge, welche ihre Hüte abnahmen. Da wandte sich Heinrich zu dem Bauern, welcher seinen Hut immer [noch] auf dem Kopfe hatte, und fragte ihn, wer der König wäre (war). „Meiner Treu", entgegnete der Bauer, „es ist einer von uns beiden."

B. 1. Der König Heinrich von Frankreich liebte die Jagd. 2. Die Höflinge begleiteten den König auf die Jagd. 3. Wir trafen zwei Offiziere auf der Straße. 4. Bleibet nicht lange! 5. Wir hatten mit einem braven Manne zu thun. 6. Man bemerkte noch den Tau im Walde. 7. Dies Buch ist ein Führer für Frankreich. 8. Wann wird der Kölner Zug ankommen? 9. Wo werdet ihr eure Herbstferien zubringen? 10. Um wieviel Uhr wirst du zu Hause sein? 11. Ein guter Schüler wird seine Lehrer achten. 12. Du sollst (wirst) den Herrn deinen Gott lieben. 13. Ihr sollt eure Eltern lieben. 14. Wen werdet ihr als (pour) Reisegefährten haben? 15. Wann werde ich Nachrichten von dir bekommen (haben)? 16. Freitag wird der König ein großes Mittagsessen geben. 17. Diejenigen, welche herannahen werden, werden ihre Hüte abnehmen. 18. Mit wem hattet ihr zu thun? 19. Eine große Anzahl Offiziere begleiteten den König. 20. Dieser Schüler wird den ersten Preis bekommen.

21. Wenn ihr in der Schweiz angekommen sein werdet, werdet ihr uns Nachrichten von euch geben.

31.

1. Die Schwäche des Kranken ist groß. 2. Heinrich der Vierte war ein mächtiger König. 3. Der Bahnhof liegt nicht weit vom Museum. 4. Wir werden im (an) Schritt gehn. 5. Dieser Mann spricht unaufhörlich von seinen Verdiensten. 6. Es giebt viel Elend auf (sur) dieser Erde. 7. Wenn ihr fern von eurer Mutter sein werdet, wird Gott euch leiten. 8. Betet ohne Unterlaß! 9. Der König war fern von seinen Begleitern. 10. Gott ist mächtiger als die Menschen. 11. Die Mutter leitet die Schritte ihres kleinen Sohnes. 12. Die Cikade sang unaufhörlich während des Sommers.

32.

A. Der Honig der Biene ist dem Menschen nur angenehm, während die Wolle des Schafes ihm notwendig ist. Das Schaf ist also unter den Tieren ein größerer Wohlthäter für den Menschen als die Biene.

B. 1. Sicherlich wird er meinen Brief vergessen haben. 2. Einige Tiere sind dem Menschen mehr notwendig als angenehm. 3. Die Schafe geben uns die Wolle. 4. Habt ihr schon von diesem Honig gegessen? 5. Welches sind die Namen einiger Tiere auf französisch? 6. Wir haben einen angenehmen Aufenthalt in der Schweiz gehabt. 7. Es wird uns sehr angenehm sein, die Ferien auf dem Lande zuzubringen (de). 8. Die Bienen arbeiten viel; ahmt ihr Beispiel nach! 9. Wir hatten das Gemälde von weitem angesehen. 10. Gott ist der Wohlthäter aller Menschen. 11. Seid nicht undankbar! 12. Sie hat eine angenehme Stimme. 13. Er ahmte die Stimmen mehrerer Tiere nach. 14. Das Wasser ist notwendig für (à) die Gesundheit des Menschen. 15. Die Wolle ist ohne Zweifel notwendiger für den Menschen als der Honig. 16. Unser Eßzimmer ist kleiner als unser Empfangszimmer. 17. Gehet nicht weiter! 18. Hast du das nötige Geld für deine Reise?

33.

A. Das kleine Rotkäppchen war das hübscheste kleine Mädchen seines Dorfes. Es hatte seinen Namen von einem roten Käppchen, das ihm seine Großmutter gegeben hatte und das ihm sehr gut stand. Alle Leute waren darin (en) vernarrt. — Eines Tages schickte die Mutter ihre kleine Tochter zu der Großmutter, um ihr einen Kuchen und einen Topf Butter zu bringen. Als das kleine Rotkäppchen durch den Wald ging, bemerkte es den Wolf. Dieser war hungrig (hatte Hunger), aber er wagte nicht, das Kind [zu] fressen, wegen einiger Holzhauer, die im Walde arbeiteten. Er fragte, wohin es ginge und wo seine Großmutter wohnte. Das kleine Mädchen gab ihm das erste Haus des benachbarten Dorfes an. Der Wolf ging auf (par) dem kürzesten Wege dahin, während Rotkäppchen sich [damit] unterhielt, die schönsten Blumen zu (à) suchen und daraus einen Strauß für seine Großmutter zu (à) machen.

B. 1. Hast du Lust, uns zu begleiten? 2. Tretet in das Empfangszimmer ein, ich bitte euch. 3. Wir hatten nicht Lust, sehr weit zu gehen. 4. Wer wird diesem Herrn den Weg zum (des) Bahnhofe angeben? 5. Ich werde auf die Ehrlichkeit meines Führers rechnen. 6. Der Wolf hatte ein Lamm zerrissen. 7. Der Reisende wagte nicht, seinen Weg fort[zu]setzen. 8. Diese Damen werden sich ohne Zweifel sehr gut in eurer Gesellschaft unterhalten. 9. Die Kinder unterhielten sich [damit], Ball zu (à) spielen. 10. Spielst du rot oder schwarz? 11. Ihr werdet überall die nötigen Gegenstände finden. 12. Dieser runde Hut stand dem kleinen Mädchen sehr gut. 13. Dein Strauß ist hübscher als der meinige. 14. Welches ist der kürzeste Weg, um zur Kirche zu gehn? 15. Warum geht ihr auf dem längsten Wege? 16. Wer ist da unten? 17. Welches ist der längste Tag des Jahres? 18. Welches ist der kürzeste Tag des Jahres? 19. Im Sommer sind die Tage länger als die Nächte. 20. In welcher Jahreszeit sind sie Tage kürzer als die Nächte? 21. Die Wölfe haben eine Menge Schafe zerrissen. 22. Die heutige Butter (die B. von heute) ist frischer als die gestrige (diejenige von gestern).

34.

A. Fern von dem Wege, wo die Sünder gehen, wandelt, wohin Gott euch sendet! Kinder, bewahrt eure Freude! — Seid demütig! Was kümmern euch die reichen und mächtigen Leute? Ein Hauch wird sie davontragen.
B. 1. Wir bewundern die Weiße der Lilie. 2. Tretet nicht auf den Weg der Sünder! 3. Sie hat das unschuldigste Herz von der Welt. 4. Er hat deine Angelegenheit in der Freude seines Herzens vergessen. 5. Heinrich ist der stärkste von allen Schülern unserer Klasse. 6. Der Wolf ist ein starkes Tier. 7. Wer ist der größte Wohlthäter der Menschen? 8. Friedrich der Große war der mächtigste König seiner Zeit. 9. Rotkäppchen war das hübscheste von allen kleinen Mädchen des Dorfes. 10. Suchet die schönsten Blumen des Gartens! 11. Du bist der undankbarste kleine Junge von der Welt. 12. Margarete hat die hübscheste Stimme von der ganzen Klasse. 13. Sie ist die jüngste von meinen Schwestern. 14. Dein lieber Brief hat uns die größte Freude gemacht.

35.

A. Als der Wolf an dem Hause der Großmutter ankam, klopfte er. Die gute Frau lag im Bette, denn sie war nicht wohl. Sie fragte, wer da wäre (war). Der Wolf entgegnete, daß es Rotkäppchen wäre (war), welches seine Mutter mit einem Kuchen und einem Topf Butter schickte. Die Großmutter rief ihm zu, den Pflock zu (de) ziehen. Der Wolf that es, trat ein und warf sich auf die arme Frau, die er in einem Nu verschlang. Dann legte er sich in das Bett der Großmutter und zog die Vorhänge [zu].
B. 1. Es (man) klopft. Herein! (Treten Sie ein!) 2. Wie befinden Sie sich, mein Herr? Danke, mein Herr, ich befinde mich ziemlich wohl, und Sie? 3. Es geht uns (wir gehen) nicht schlecht. 4. Was fehlt Ihnen (was haben Sie), mein Herr? Ich habe Kopfschmerzen (mal à la t.). 5. Zum Unglück ist meine Schwester seit gestern ein wenig unwohl. 6. Sind Sie in unserm Museum gewesen, mein Herr? 7. Was

liegt Ihnen an dieser Geschichte? 8. Werden Sie nicht länger bleiben? 9. Auf (à) Ihre Gesundheit, mein Herr! Danke, mein Herr, auf die Ihrige! 10. Sind Sie allein in Ihrem Abteil gewesen, mein Herr? 11. Haben Sie einige Lilien unter (parmi) den Blumen Ihres Gartens? 12. Wieviel ist 12 weniger 5? 13. Der Wolf verschlang das Lamm in einem Nu. 14. Warum schreist du, mein Kind? 15. Man befindet sich schlecht in diesem Abteil. 16. Der Kranke befindet sich heute schlechter als gestern. 17. Dieser Sonderzug ist länger als ein gewöhnlicher Zug. 18. Wir sind weniger müde gewesen als unsere Begleiter.

36.

A. Die kleine Bettlerin ist 6 Jahre alt; sie hat keine Mutter mehr. Weil sie Hunger hat, bittet sie um ein Stück Brot. Man muß daher ihre Bitte nicht zurückweisen; ihr werdet Mitleid haben mit (de) der armen Unschuldigen, und ihr werdet ihr etwas geben. — Niemand denkt an das kleine Mädchen. Gestern gab es ein Fest im Dorfe. Jedermann tanzte im Schatten der Bäume; aber das arme Kind hatte nichts zu (à) essen. Ihr werdet sie daher nicht schelten, ihr werdet ihr verzeihen, wenn sie euch bittet. Sie ist nicht lecker, sie bittet nur um Brot, weil sie hungrig ist.

B. 1. Laßt uns Mitleid mit (de) den Armen haben! 2. Jedermann wird Mitleid haben mit diesem armen Mädchen. 3. Gott wird uns vergeben, wie wir vergeben haben werden. 4. Weist unsere Bitte nicht zurück! 5. Wievielmal muß man seinem Bruder vergeben? 6. Die Waise hat keine Eltern mehr. 7. Niemand hatte daran (y) gedacht. 8. Diese Kinder sind sehr lecker. 9. Sicherlich wird man dich schelten. 10. Ich habe kein Geld mehr in meinem Geldbeutel. 11. Wie alt bist du (welches Alter hast du)? Ich bin elf Jahre alt. 12. In (à) deinem Alter bin ich stärker gewesen. 13. Was wird dein Vater dazu (en) sagen? 14. Der Kranke hat keine Kräfte mehr. 15. Haben Sie Lust, uns ein wenig zu begleiten? 16. Sie hat keine Ruhe mehr. 17. Werdet ihr Wasser genug haben? 18. Die Kinder haben eine Menge schöner Blumen in der Ebene gesucht. 19. Man wird eine große Zahl von Bäumen in diesem Walde abhauen. 20. Niemand wird mehr daran denken.

37.

1. Kellner, geben Sie uns gefälligst Fleischbrühe. 2. Wünschen diese Herren Rindfleisch oder Kalbfleisch? 3. Es standen (es gab) mehrere Flaschen Rotwein und Weißwein auf dem Tische. 4. Wünschen Sie Rotwein oder Weißwein? 5. Gestern haben wir zu[m] Mittagessen einen Kalbsbraten mit Kartoffelsalat (s. aux p. de t.) gehabt. 6. Kellner, haben Sie grüne Bohnen? 7. Haben Sie Gemüse bestellt, meine Herren? 8. Wie viele Gerichte werden wir heute haben? 9. Hast du schon Wildbret gegessen? 10. Wir haben Pfirsiche und Weintrauben zum Nachtische gehabt. 11. Sie werden Birnen, Pflaumen und Äpfel in unserm Garten finden. 12. Diese Äpfel sind noch grün. 13. Man wird Ihnen eine Reissuppe geben. 14. Geben Sie mir gefälligst Butter zu (mit) meinen Semmeln. 15. In der Schweiz giebt man euch Honig zu eurem Kaffee. 16. Findet man Gold oder Silber in den Flüssen Deutschlands? 17. Man macht aus Holz Tische, Stühle, Bänke, Kommoden und Schränke. 18. In den Federkasten befinden sich Federn und Bleistifte. 19. Der Briefbote bringt alle Tage Zeitungen, Briefe und Postkarten. 20. Haben Sie Nachrichten von [2]Ihrem [1]Herrn [3]Bruder?

38.

1. Die Rinder des Bauern befanden sich auf den Feldern. 2. Wem gehören (sind) diese Felder? 3. Welches ist die Farbe der Rinder? Sie sind weiß, grau, braun oder schwarz. 4. An welchem Feste giebt man den Kindern viele Eier? 5. Wir werden gern einige Eier zu (mit) dem Salate essen. 6. Sicherlich wirst du Eier in dem Wirtschaftshofe finden. 7. Giebt es viel Wild in diesem Walde? 8. Welches ist das Wort des Rätsels? 9. Wenn ihr dem Worte bœuf den Kopf wegnehmt, so werdet ihr das Wort œuf bekommen. 10. Die Dame trug einen grauen Hut mit einer roten Feder.

Strien, Französi. Elementarbuch B.

39.

1. Dies Brot ist schon ein wenig trocken. 2. Ihr werdet Käse zu (mit) eurem Brote bekommen. 3. Werde ich auch Käse zu meinem Brote bekommen? 4. Das ist etwas anderes. 5. Wollen (werden) wir wetten? 6. Was sagt man von Dido? 7. Der Rücken dieses Truthahns ist sehr feist. 8. Ein Truthahn befindet sich auf dem Wirtschaftshofe. 9. Schneide mir gefälligst ein großes Stück Brot ab. 10. Warum wendest du uns den Rücken zu? 11. Er hat es hinter meinem Rücken gethan. 12. Es ist viel Übung nötig (il faut), um eine gute französische Aussprache zu bekommen.

40.

A. Kurze (wenig) Zeit darauf kam Rotkäppchen an und klopfte an die Thür. Der Wolf fragte, wer da wäre. Seine tiefe Stimme flößte (machte) zuerst dem kleinen Mädchen Furcht ein; aber es dachte, daß die Großmutter wohl verschnupft wäre, und erwiderte, daß es ihre Enkelin (petite-fille) wäre, welche ihr einen Kuchen und einen Topf Butter brächte. Der Wolf rief ihr alsdann zu, den Pflock zu (de) ziehn. Rotkäppchen that es und trat ein. Es wunderte sich über das Aussehn seiner Großmutter und sagte: „Großmutter, wie (que) ⁴groß ³sind ¹deine ²Arme!" — „Ich werde dich besser umarmen, meine Tochter." „Großmutter, wie groß sind deine Ohren!" — „Ich werde dich besser hören, mein Kind." — „Großmutter, wie groß sind deine Augen!" — „Ich werde dich besser ansehn, meine Tochter." — „Großmutter, wie groß sind deine Zähne!" — „Ich werde dich besser fressen." Bei diesen Worten warf sich das böse Tier auf das kleine Mädchen und verschlang es.

B. 1. Die Großmutter hatte ihre Enkelinnen sehr verwöhnt. 2. Hänschen, du bist ein verwöhntes Kind. 3. Sie hat ¹hübsche ³weiße ²Zähne. 4. Sie sehen aus, als wären Sie sehr verschnupft (Sie haben das Aussehn, sehr verschn. zu sein). 5. Haben Sie Zahnschmerzen (mal aux d.), mein Herr? Ja, mein Herr, ich habe einen verdorbenen Zahn. 6. Du wirst dir die Augen verderben. 7. Du bist ein unartiger Junge. 8. Der Kranke befindet sich heute besser. 9. Das kleine Mädchen fürchtete sich (hatte Furcht). 10. Fürchte dich nicht, mein Kind! 11. Fürchtet euch nicht, meine Kinder! 12. Es befinden sich reiche Bauern in diesem Dorfe. 13. Man muß nicht Pflaumen essen, welche noch grün sind. 14. Wir werden Kuchen zu unserm Kaffee bekommen. 15. Ich esse lieber (liebe besser die) Semmeln. 16. Es sind hübsche Federn auf deinem Hute. 17. Die Kranken werden bald neue Kräfte bekommen. 18. Die Franzosen sprechen gern von den viereckigen Köpfen, welche man in Deutschland findet. 19. Giebt es hübsche Geschichten in eurem französischen Buche? 20. Einige Tiere tragen schwere Lasten. 21. Unsere Nachbarn sind brave Leute. 22. Haben Sie gute Nachrichten von [2]Ihren [1]Herren [3]Brüdern? 23. Wir haben schöne Gemälde im Berliner Museum bewundert. 24. Mächtige Nachbarn marschierten gegen Friedrich den Großen.

41.

A. Meine lieben Jungen, wenn ihr hübsch artig seid, wird man euch Zuckerwerk und schöne Bilder geben; aber wenn man euch schelten muß, wird man euch die Rute geben. Welch trauriges Abenteuer!

B. 1. In unserm neuen Buche sind hübsche Bilder. 2. Man muß die unartigen Kinder schelten. 3. Wenn die Kinder unartig sind, muß man ihnen die Rute geben. 4. Dies junge Mädchen ist das [Eben=] Bild seiner Mutter. 5. Ich werde [mit] ihm sprechen. 6. Er hat gestern [mit] mir gesprochen. 7. Wir werden [mit] ihnen sprechen. 8. Haben sie [mit] dir gesprochen? 9. Ihr werdet uns verzeihen. 10. Ich verzieh ihr. 11. Man hat euch Nachrichten gesendet. 12. Wir bitten dich, uns zu begleiten. 13. Er bat uns, ihn zu begleiten. 14. Sie bemerkten es nicht. 15. Man bemerkte sie. 16. Wir suchen dich. 17. Sie bedauerten euch. 18. Er umarmte uns. 19. Wir trafen ihn auf der Straße. 20. Wirst du uns schon verlassen?

42.

A. Der alte Vater in diesem Rätsel ist das Jahr, welches 12 Monate hat, mehr als 300 Tage und viel mehr als 1000 Stunden, von denen die einen weiß, die andern schwarz sind. Jene sind die Stunden des Tags, diese die Stunden der Nacht. Eine ewige Ruhe ist in dieser großen Familie durch gegenseitige Pflichten herbeigeführt.

B. 1. Das Ende des alten Mannes naht heran. 2. Ihr werdet das ewige Leben haben. 3. Dieses Jahr ist sehr traurig gewesen wegen des Todes zweier Fürsten. 4. Die guten Schüler thun ihre Pflicht. 5. Wieviel Zeit wird diese Übung dauern? 6. Dies Vergnügen hat nicht lange gedauert. 7. Eine arme alte Frau bittet euch um ein wenig Geld. 8. Nimm doch diesen alten Hut weg! 9. Das ist eine alte Geschichte. 10. Man ist schon alt, wenn man mehr als 60 Jahre alt ist (hat). 11. Hier sind zwei Zeitungen; diese kommt aus Köln, jene ist eine schweizerische Zeitung. 12. Die Cikade und die Ameise brachten den Sommer zu, jene mit (à) Singen, diese mit Ar= beiten. Welcher (Acc.) von den beiden werdet ihr nachahmen? 13. Er wandte sich um. 14. Du sollst (wirst) dich nicht um= wenden. 15. Wir wandten uns um. 16. Warum wendet ihr euch um? 17. Ich wandte mich nicht um. 18. Wir wundern uns. 19. Sie wundern sich nicht. 20. Sie wird sich wundern. 21. Ihr ermüdet euch. 22. Er wird sich ermüden. 23. Sie ermüdete sich. 24. Wir befanden uns ziemlich wohl. 25. Ihr werdet euch schlecht befinden. 26. Ich befand mich übel. 27. Wir unterhielten uns sehr gut. 28. Sie werden sich gut unterhalten. 29. Er verirrte sich im Walde. 30. Du wirst dich nicht verirren.

43.

A. Ein Kaufmann war auf dem Jahrmarkte gewesen und hatte gute Geschäfte gemacht. Er kehrte zu Pferd zurück; hinter sich hatte er sein Felleisen voll Geld. Der Regen, welcher mit Heftigkeit fiel, durchnäßte ihn bis auf die Knochen. Der Kauf= mann war sehr unzufrieden damit (en) und murrte darüber, daß Gott ihm nicht schönes Wetter (das sch. W.) zu seiner Reise gegeben hatte. Als er durch einen dichten Wald kam, bemerkte er hinter einem Baume einen Räuber, der auf ihn anlegte. Aber dieser verfehlte seinen Schuß, weil der Regen das Pulver naßgemacht hatte. Der Kaufmann gab seinem Pferde die Sporen und erreichte bald eine Herberge, wo er sich in Sicherheit befand. „Ich hatte sehr unrecht," sagte er zu sich selbst, „den Regen nicht geduldig zu ertragen, der für mich eine Wohlthat der Vorsehung war. Denn wenn das Wetter besser gewesen wäre, würde ich durch die Kugel des Räubers getötet (tot) sein."

B. 1. Das Felleisen des Kaufmanns war sehr schwer. 2. Er hatte das Felleisen auf den Rücken des Pferdes gelegt. 3. Welches Abenteuer begegnete (arriver) dem Kaufmann in einem dichten Walde? 4. Während des ganzen Monats haben wir (den) Regen gehabt. 5. Waret ihr auf dem Jahrmarkte gewesen? 6. Montag und Dienstag ist (der) Jahrmarkt gewesen. 7. Die Pferde sind den Menschen notwendig. 8. Der Regen wird uns bis auf die Haut durchnässen. 9. Warum habt ihr so rote Wangen (d. W. so rot)? · 10. Geben Sie mir bessere Federn! 11. Geben Sie uns eine Schachtel Reispulver! 12. Er trug silberne Sporen. 13. Der Räuber schwamm in seinem Blute. 14. Die Kinder waren nicht artig gewesen. 15. Sie haben unrecht gehabt, uns zu schelten. 16. Man sagt auf französisch: artig wie ein Bild. 17. Ertragt geduldig die kleinen Leiden des Lebens! 18. Wann werden Sie von Ihrer langen Reise zurückkehren? 19. Die Herberge war voll von Leuten, welche spielten und schrieen. 20. Wir werden diese ewigen Übungen nicht ertragen, die uns die Ohren zerreißen.

44.

A. Ein Hahn, welcher Hunger hatte, fand eines Tages eine schöne Perle. Er brachte sie dem ersten besten Edelsteinhändler und sagte: „Sicherlich ist sie sehr fein; aber ich würde das geringste Hirsekorn lieber haben (besser lieben)."

B. 1. Sie werden Perlen, Geschmeide und Juwelen bei dem Edelsteinhändler finden. 2. Geben Sie dies Geld dem ersten besten Bettler. 3. Er hatte viel Geld beiseite geschafft. 4. Ich habe nicht die geringste Lust, dich bei (par) diesem Wetter nach dem Bahnhofe zu begleiten. 5. Das ist nichts für mich (nicht meine Sache). 6. Ich glaube, daß Sie unrecht haben. 7. Sie hat feine Ohren. 8. Der geringste Hauch wird die Reichen und die Mächtigen fortreißen. 9. Der Hahn ist der Herr des Wirtschaftshofes. 10. Die Dame wandte den Kopf ab und weinte.

45.

A. Zwei Reisende kamen gegen Abend in der Herberge eines kleinen Dorfes an. Sie führten zuerst ihre Pferde in den Stall, dann traten sie in das Zimmer der Herberge, um sich ein wenig zu wärmen; denn sie froren sehr. Zum Unglück waren alle Plätze um den Kamin von den Bauern des Dorfes besetzt; keiner von ihnen rührte [sich]. Da rief der eine der beiden Reisenden den Wirt und bestellte für jedes ihrer Pferde ein Dutzend Austern. Der erstaunte Wirt fragte: „Austern? Sollten Ihre Pferde Austern fressen?" — „Führen Sie nur meine Befehle aus!" entgegnete der Reisende. Der Wirt eilte in den Stall, um den Pferden die Austern zu bringen, und alle Bauern begleiteten ihn, um zuzusehn, ob die Pferde die Austern fressen würden. Während dieser Zeit wärmten sich die Reisenden. Bald darauf trat der Wirt wieder ein und sagte: „Die Pferde weigern [sich], die Austern zu fressen. Ich hatte es [mir] wohl gedacht." — „In diesem Falle," entgegnete der andere, „bringen Sie uns nur die Austern; wir werden sie selbst essen!" Ohne diese List würden die beiden Gefährten nicht Platz genug gefunden haben, um sich zu wärmen.

B. 1. Führt die Pferde in den Stall! 2. Im (en) Januar ist es sehr kalt. 3. Wenn ich fröre, würde ich mich am Kamin wärmen. 4. Unsere Zimmer heizen sich gut. 5. Mein Herr ist noch nicht zurückgekehrt (rentrer). 6. In dieser Angelegenheit ist Kaltblütigkeit (kaltes Blut) nötig. 7. Wenn ich an (à) Ihrer Stelle wäre, würde ich ein anderes Leben führen.

8. Wir würden deinen Befehl gern ausgeführt haben, wenn unser Aufenthalt länger gedauert hätte. 9. Die unartigen Jungen weigern [sich], ihre Pflicht zu thun. 10. Kellner, bringen Sie mir schnell ein Dutzend frische Austern! 11. Die Vögel fliegen, indem sie singen. 12. Alle Familien der Nachbarschaft kamen in der Kirche an. 13. Rührt [euch] nicht, meine Freunde! 14. Es giebt nicht den geringsten Platz in unserm Stall. 15. Alle Plätze des Abteils waren besetzt. 16. Ohne uns würdet ihr den Zug verfehlt haben. 17. Der Räuber würde dem Kaufmann das Leben genommen haben, wenn der Regen nicht das Pulver naßgemacht hätte. 18. Dort würden wir in voller Sicherheit sein. 19. Ohne Führer würden die Reisenden den Weg verfehlen, sie würden sich in dem dichten Walde verirren. 20. Alle Wege führen nach Rom (Rome).

46.

1. Mein Sohn, arbeite munter in der Schule; benutze die Zeit, denn sie enteilt. 2. Die guten Schüler werden aufmerksam zuhören. 3. Bleiben Sie doch noch einen Augenblick! 4. Ich habe [2]Ihren [1]Herrn [3]Vater letzthin (dernièrement) in einer Gesellschaft getroffen. 5. Wir haben den Nachmittag sehr angenehm mit unsern Freunden zugebracht. 6. Warum würdest du nicht geduldig diesen Verlust ertragen? 7. Im März ist es gewöhnlich noch kalt. 8. Meine Vettern werden die Ferien benutzen, um eine Reise auf dem Rhein zu machen. 9. Viele Vögel fliegen im (en) Herbst nach (vers) dem Mittag zu davon. 10. Ich bitte Sie unterthänigst (sehr demütig), mein Herr meine Bitte nicht zurückzuweisen.

47.

A. Zwei Freunde, Thomas und Lubin, gingen zu Fuß nach der benachbarten Stadt, wo sie zu thun hatten. Thomas fand auf seinem Wege eine Börse voll Gold. „Das ist ein großes Glück für uns," sagte Lubin freudig zu seinem Gefährten. Dieser aber erwiderte kalt: „Für uns? Du denkst nicht daran (y). Dies Gold ist für mich; denn ich allein, ich habe es gefunden." Mit (à) diesen Worten steckte er die Börse in die

Tasche, während Lubin seinen Weg fortsetzte, ohne ein Sterbenswörtchen zu sagen. Nachdem sie die Ebene verlassen hatten (verlassen habend die E.), traten die beiden Freunde in einen dichten Wald ein. Da stürzten sich einige Räuber auf sie, indem sie riefen: „Die Börse oder das Leben!" „Wir sind verloren," sagte Thomas zitternd. „Wir?" entgegnete Lubin, „wir ist nicht recht gesagt, aber du, das ist etwas anderes. Jeder für sich, Gott für uns alle." Er entschlüpfte quer durch das Gehölz, während Thomas [sich] vor Furcht nicht rührte. Die Räuber nahmen ihm das ganze Geld ab, welches er gefunden hatte. — Derjenige, welcher nur an sich denkt, wenn das Glück gut ist, wird im Unglück keine Freunde haben.

B. 1. Ihr werdet euch die Füße naßmachen, wenn ihr quer durch den Wald marschiert. 2. Man muß nicht seinem (Acc.) Nachbar zuflüstern. 3. Das Pferd hatte ihm einen Fußtritt gegeben. 4. Der Dieb dachte [zu] entwischen; aber jedermann rief: Haltet den Dieb (au voleur)! 5. Wieviel Geld hast du bei (sur) dir? Ich habe nur einige Louisdor bei mir. 6. Ich habe Ihnen schon gesagt, mein Herr, daß mein Vater von 3 bis 5 Uhr des Nachmittags zu Hause sein wird. 7. Wer hat geläutet, du oder er? Ich war es. 8. Wir glaubten, daß diese Leute verloren wären (waren); wir haben für sie gezittert. 9. Es ist wahr, daß dieser Kaufmann viel Geld in seine Tasche gesteckt hat. 10. Ohne euch würden wir den Kopf verloren haben. 11. Das nächste Mal wird meine Schwester zu Hause bleiben. 12. Bist du es, Georg, der geklopft hat (hast)? Nein, Mama, ich bin es nicht. 13. Wer von den beiden hat unrecht, er oder sie? Ich glaube, daß er es ist. 14. Ihr werdet noch einige Augenblicke bei uns bleiben, nicht wahr (ist es nicht)? 15. Meine Vettern sind heute (diesen) nachmittag angekommen; wir haben große Lust, mit ihnen in den Wald zu gehen. 16. Er selbst hat uns gesagt, daß er nicht einen einzigen Augenblick verloren hat. 17. Wenn ich du wäre, würde ich schnell entschlüpfen. 18. Man hat der Dame verschiedene Juwelen dargeboten: sie hat nur ein einziges davon für sich behalten. 19. Verschiedene Offiziere haben mir selbst gesagt, daß diese Geschichte wahr ist. 20. Fürchtet euch nicht, meine Kinder; wir sind noch nicht verloren, der liebe Gott wird uns behüten.

48.

A. Der kleine Paul fragte seine Mutter, ob es wahr wäre, daß man im Paradies nichts mehr zu thun haben würde. „Das ist sehr wahr," entgegnete seine Mutter; „aber du wirst nicht in das Paradies zugelassen werden, mein Sohn, wenn du nicht auf Erden gearbeitet hast."

B. 1. Wenn ihr nicht auf Erden arbeitet, werdet ihr nicht in das Paradies zugelassen werden. 2. Kein Schüler wird mehr an unserer Schule zugelassen werden. 3. Du hast nichts mehr zu thun? Hast du nichts vergessen? 4. Wer ist während meiner Abwesenheit da gewesen? Niemand ist da gewesen, mein Herr. 5. Giebt es nichts Neues (de n.), mein Freund? 6. Sie haben niemand im Vorzimmer gefunden? 7. Alle blieben unbeweglich, keiner zitterte vor Furcht. 8. Es gab keinen Platz mehr um den Kamin; keiner von denen, welche die Stühle inne= hatten, rührte [sich]. 9. Ihr werdet nicht mehr an dieses traurige Abenteuer denken. 10. Ihr würdet nicht mehr krank sein, wenn ihr während einiger Tage das Bett gehütet hättet. 11. Wenn du nur an dich denkst, wenn das Glück gut ist, so wirst du keine Freunde im Unglück haben. 12. Aus (fern von) den Augen, aus dem Herzen.

49.

Scherzhafter Brief.

Jakob war ein braver kleiner Junge, den jedermann liebte. Er war sehr artig zu Hause und in der Schule. Er fand Ver= gnügen [daran], die verschiedenen Zeiten der französischen Zeit= wörter zu (à) bilden. Eines Tages richtete er einen Brief an seinen Vater und sandte ihm als Probe ein Zeitwort der zweiten Konjugation. Ratet ihr, welches? Das Zeitwort grandir. Er liebte dieses Zeitwort mehr als die anderen. Es ist wahr, daß er sehr wuchs; aber er dachte, daß er noch mehr wachsen würde. Sein Vater, welcher ihn sehr liebte, war entzückt von diesem Briefe und sandte ihm das Verb chérir, welches von derselben

Konjugation ist: indessen beschränkte er sich auf einige Zeiten des Indikativs. Hier ist das Präsens davon: Liebe ich dich nicht von ganzem (meinem g.) Herzen, mein teurer Sohn? Liebst du mich nicht auch? Liebt deine Mutter dich nicht? Lieben wir nicht deine Schwester und dich gleicherweise? Liebt ihr uns nicht alle beide? Lieben eure Eltern euch nicht noch mehr?

50.
Der Biber.

Die Biber finden sich immer in der Nähe (Nachbarschaft) der Flüsse und der Seen. Während des Winters bewohnen sie kleine Häuser, welche sie im Frühling verlassen. Sie bauen ihre Wohnungen am Ufer des Wassers. Sie versammeln sich dort in großer Zahl, um zusammen zu arbeiten. Mit ihren starken Zähnen fällen (couper) sie Bäume in ziemlich kurzer Zeit und zersägen sie. Sie bringen die Hölzer zuerst zu Lande (par t.) bis zum Ufer des Flusses, dann zu Wasser bis zu dem Platze, wo sie ihre Wohnungen anlegen. Sie machen daraus eine Art von Grundpfählen, welche sie in das Bett des Flusses einrammen. Sie bringen Erde herbei und füllen damit alle Zwischenräume ihrer Grundpfähle aus. Die Häuschen, welche sie auf diesen Grundpfählen erbauen, haben gewöhnlich zwei Stockwerke, das eine, trocken (à sec), für die Tiere, das andere, unter dem Wasser, für die Vorräte an Rinden, von denen sie sich nähren. Die Thüren ihrer Wohnungen gehen unter das Wasser hinaus (donner). Die Biber setzen ihre Arbeiten während der Nacht fort. Sie bauen nicht in der Nähe der Menschen. Wenn es die geringste Gefahr giebt, benachrichtigen sich die Biber einander (der eine den anderen) und verbergen sich unter dem Wasser.

51.
Am Abend.

Am Abend vereinigt sich die ganze Familie. Jeder erfreut sich an dieser Familienvereinigung. Alle preisen das Geschick, welches ihnen dieses süße Glück giebt. Alle haben [danach] getrachtet, ihre Arbeit während des Tages zu vollenden; sie werden ruhig einschlafen. Morgen werden sie neue Arbeiten, andere Pflichten zu erfüllen haben. Es ist ihnen also ein neuer Mut nötig, den sie im Gebete suchen werden. — Um neun Uhr oder ein wenig später sagt das Kind seinen Eltern und seinen Geschwistern gute Nacht; dann legt es sich in sein gutes Bettchen.

52.
Der Tod wählt seinen ersten Minister.

Unsere Fabel giebt dem Tode den Namen (de) "König der Welt". Eines Tages benachrichtigte der Tod seinen in der Unterwelt versammelten Hof, daß er einen ersten Minister wählen würde. Es ist wahr, daß seine Staaten nicht schlecht blühten, aber der Tod dachte, daß unter einem guten Minister sein Reich noch mehr blühen würde. Viele seiner Unterthanen, begierig, dieses Amt zu erfüllen, boten sich an. Das Fieber, die Gicht und der Krieg kamen zuerst (die ersten) an; es waren ohne Zweifel drei Unterthanen von großem Verdienste. Dann trat die Pest hervor, deren Verdienst nicht geringer war. Endlich boten sich die Laster dar. Da wählte der Tod, der bis dahin geschwankt hatte, unter ihnen die Unmäßigkeit. Keiner wird die ausgezeichneten Dienste dieses ersten Ministers bestreiten.

53.
Das Spiel nach der Arbeit.

Peter, hast du schon deine Aufgaben beendigt? — Nein, Ludwig, ich habe meine Arbeit noch nicht beendigt. — Nun wohl, beendige sie schnell; wir werden uns belustigen, wenn du sie beendigt haben wirst. Wir werden dann das Vergnügen ohne Furcht genießen. — Welches Spiel wirst du wählen? — Es ist mir gleich; wähle du selbst! — Spielen wir zuerst mit unsern Bällen, wenn es dir gefällt.

54.
Auf der Station.

Nicht wahr, mein Vater, der Schaffner hat gesagt, daß man auf der nächsten Station umsteigen muß? — Ja, meine Tochter, wir werden sogleich da sein. Vergiß nicht, daß es verboten ist, vor dem vollständigen Anhalten des Zuges auszusteigen. Wir kommen an: welch großer Bahnhof! Wartet noch ein wenig, meine Kinder. Jetzt steigt aus! Hans, du wirst mein Felleisen nicht verlieren? — Nein, Papa, ich verliere es nicht. Sieh, wie viele Reisende wie wir ausgestiegen sind. Sie erwarten wahrscheinlich die Ankunft eines anderen Zuges. Wieviel Minuten Aufenthalt werden wir haben, Papa? — Frage den Bahnhofsinspektor (chef de g.) danach, mein Junge! — Er hat mir geantwortet, daß wir noch zehn Minuten Aufenthalt haben werden, wenn der Kölner Zug zur [rechten] Zeit ankommt, wohl verstanden. — In diesem Falle werden wir besser thun (je ferai), in dem großen Saale des Bahnhofs zu warten.

55.
Der Sperling.

Die Sperlinge haben ihre Nester (le nid) gewöhnlich in der Nähe unserer Wohnungen. Im Frühling und im Herbste versammeln sie sich längs (le long de) der Flüsse, und in der guten Jahreszeit bringen sie die Nacht auf den Bäumen zu. Man hört oft (souvent) behaupten, daß der Sperling ein leckerer und fauler Vogel ist, daß er keinen Dienst leistet, daß seine Feder zu nichts gut ist und daß seine Stimme das Ohr verletzt (blesser). Es ist wahr, daß er das Mein und Dein mit Leichtigkeit verwechselt, daß er dem Ackersmann eine große Menge Getreide wegnimmt und daß er viele junge Früchte (le fruit) verdirbt. Er scheint (sembler) also den Absichten der Vorsehung sehr schlecht zu entsprechen. Aus (pour) diesem Grunde stellt man dem Sperling häufig Fallen, aber er schützt sich leicht davor, denn er ist voll von Listen und hört das geringste Geräusch. Andere behaupten, daß der Sperling mehr nützlich als schädlich ist, weil er den Ackersmann von einer Menge schädlicher Insekten befreit.

56.
Die Kinder Gottes.

Glücklich werden die Kinder sein, welche Gott selbst durch sein Wort zu unterrichten geruht, die Kinder, welche er seinen Gesetzen gefügsam macht. Sie werden frühzeitig seine Stimme hören, sie werden diesen Gott lieben, der sie so sehr liebt, und sie werden ihm ihre Liebe bezeugen (témoigner), indem sie seinen Gesetzen gehorchen. Sie werden sich von der Welt entfernen; die ansteckende Annäherung der Bösen wird sie nicht von ihrer Pflicht abwenden. Endlich werden sie mit allen himmlischen Gaben geschmückt werden.

57.
Karl XII.

1.

Gegen das Ende des siebzehnten Jahrhunderts war Schweden der mächtigste Staat des Nordens (le nord). Karl XI. war der größte König der Schweden seit Gustav Adolf (Gustave-Adolphe) gewesen. Bei (à) seinem Tode war sein Sohn Karl erst fünfzehn Jahre alt. Drei mächtige Fürsten, der König von Dänemark, der König von Polen und der Kaiser von Rußland, vereinigten sich, um ihn zu bekämpfen. Aber der junge König verliert [den] Mut nicht; er wartet nicht, bis (que) seine Feinde ihn angreifen; er landet mit seinen Soldaten auf der Insel Seeland, schließt Kopenhagen ein und zwingt den König von Dänemark, den Vertrag (le traité) von Travendahl am 18. August 1700 zu unterzeichnen (signer).

II.

Nachdem er diesen Krieg in sechs Wochen beendigt hatte (Part.), wandte sich Karl XII. gegen die Russen, welche die Stadt Narva einschlossen. Er kam dort mit 8000 Mann an, während die Feinde zehnmal zahlreicher waren. Aber Peter der Große hatte das Lager verlassen, und seine Generale verständigten sich nicht. In (au) Gottes Namen griff Karl die Russen an, schlug sie in weniger als drei Stunden und verlor in diesem Kampfe nur 600 Mann.

Es blieb noch der König August II. von Polen zu (à) bekämpfen übrig. Seine Soldaten hatten Riga, [die] Hauptstadt Livlands, belagert; aber sie hatten die Belagerung aufgehoben, weil die Stadt sich tapfer verteidigte. Als Karl sie traf, hatten sie starke Verschanzungen hinter der Dwina (la Dwina) inne; es gelang ihm darum (en) nicht weniger, sie zu schlagen. Er zog in Polen ein und brachte dort fünf Jahre zu. Man wählte Stanislas [zum] König von Polen. Der schwedische General Rehnskjöld gewann die Schlacht bei Fraustadt am 12. Februar 1706. Um den Krieg zu beendigen, begab sich Karl XII. nach Sachsen. Er wählte sein Lager bei Altranstädt in der Ebene von Lützen, wo der König Gustav Adolf gefallen war. August bat demütig um (den) Frieden; er unterzeichnete den Vertrag von Altranstädt und verlor Polen.

III.

Peter der Große hatte die lange Abwesenheit Karls benutzt, um seine Soldaten zu bilden, um sich ruhig an den Ufern der Ostsee (la mer Baltique) festzusetzen und um seine neue Hauptstadt St. Petersburg (Saint-Pétersbourg) zu bauen. Karl zog durch Sachsen und Polen, indem er die Russen, welche während dieses Zwischenraumes vorgerückt waren, zurückwarf. Er dachte, (den) Frieden in Moskau (Moscou) [zu] schließen (machen), aber in Smolensk angekommen, verließ er den Weg nach Moskau und wendete sich nach der Ukraine (l'Ukraine).

Er belagerte Pultava, aus dem Peter seine Vorratskammer gemacht hatte. Peter der Große kam selbst an der Spitze von 70 000 Russen an. Karl, der mehr als zwei Monate bei dieser Belagerung verloren hatte, lieferte ihm [eine] Schlacht und verlor sie trotz der Tapferkeit seiner Schweden am 8. Juli 1709. Er selbst entkam mit 500 Pferden nach der Türkei, wo er fünf Jahre zubrachte.

Im Jahre 1714 verließ er endlich die Türkei und kam nach einer Reise von 16 Tagen und 16 Nächten in Stralsund an. Seine vereinigten Feinde belagerten ihn alsbald; er verteidigte sich einen Monat. An demselben Tage, wo man ihn zwang, die Stadt zu verlassen, um sich nach Schweden zu retten, ergab sich Stralsund. Karl XII. kam bei der Belagerung von Friedrichshall (Frédérickshall) in Norwegen (la Norvège) am 11. Dezember 1718 um, im Alter von 36 Jahren.

III.

Wörter-Verzeichnis.

1.

ma meine.
cousine Base.
est ist.
à in, zu, nach.
qui wer? wen?
où wo?

2.

mon mein.
cousin Vetter.
Henri Heinrich.
oncle Onkel.
et und.
tante Tante.
sont sind.
Cologne Köln.

3.

ton, ta dein (e).
père Vater.
Frédéric Friedrich.
il est er ist.
dans in.
son, sa sein (e), ihr (e).

bureau *m.* Schreibstube, Amts=
   zimmer.
mère Mutter.
elle est sie ist.
chambre *f.* Zimmer.
avec mit.
frère Bruder.
Pierre Peter.
adieu lebe wohl!
garçon Knabe, Junge.

4.

ami Freund.
George Georg.
Neuchâtel Neuenburg.
il loge er wohnt.
l'hôtel *m.* der Gasthof.
de von, aus.
on a man hat.
une belle vue eine schöne Aus=
   sicht.
sur auf.
le lac der See.
le mont der Berg.
blanc weiß.

il dîne er ißt, speist zu Mittag.
la table der Tisch, die Tafel.
l'hôte m. der Wirt.
la table d'hôte die Wirtstafel.

5.

Charles Karl.
apporte bring!
la bourse die Börse.
maman Mama.
la commode die Kommode.
voici hier ist, hier sind.
le porte-monnaie der Geldbeutel.
la monnaie das (kleine) Geld.
merci danke!
l'enfant das Kind.
allons laß (laßt) uns gehn!
la poste die Post.

6.

l'école f. die Schule.
la cloche die Glocke.
il sonne er läutet.
il arrive er kommt an.
le maître der Lehrer.
il entre er tritt ein.
la classe die Klasse.
il prie Dieu er bittet Gott, er betet.
la leçon die (Lehr-) Stunde, die (Lern-) Aufgabe.
il commence er fängt an, beginnt.
l'élève der Schüler, die Schülerin.
il écoute er hört (zu).
que was?
il fait er macht, thut.

7.

quand wann, wenn.
ils font sie machen, thun.

Strien, Französ. Elementarbuch B.

8.

là da, dort.
voilà da ist, da sind.
le facteur der Briefträger.
un journal eine Zeitung.
une carte eine Karte.
une carte postale eine Postkarte.
chaque jede (r).
le jour der Tag.
les parents m. pl. die Eltern.
encore noch.
la campagne das Land (im Gegensatz zur Stadt).

9.

le nombre die Zahl.
deux zwei.
trois drei.
quatre vier.
cinq fünf.
six sechs.
sept sieben.
huit acht.
neuf neun.
dix zehn.
la fois das Mal.
combien (de) wieviel?

10.

la gare der Bahnhof.
beau (bel), belle schön.
le temps die Zeit; das Wetter.
quel, quelle welcher, welche?
une heure eine Stunde; ein Uhr.
déjà schon.
le train der Zug.
le plaisir das Vergnügen.
un train de plaisir ein Sonderzug.

le voyageur der Reisende.
le billet die Fahrkarte.
en in, nach.
la main die Hand.
il voyage er reist.
la famille die Familie.

11.

la maison das Haus.
bon gut, gütig.
bonjour guten Tag!
cher teuer, lieb.
petit, petite klein.
demeurez-vous wohnt ihr?
maintenant jetzt.
nous demeurons wir wohnen.
la rue die Straße.
le numéro die Nummer.
votre euer.
grand, grande groß.
oui ja.
monsieur (mein) Herr.
notre unser.
assez genug, ziemlich.
un étage ein Stockwerk.
nous occupons wir haben inne.
le premier der erste.
avez-vous habt ihr?
nous avons wir haben.
en davon, deren.
une antichambre ein Vorzimmer.
le salon das Empfangszimmer.
la salle der Saal.
manger essen.
la salle à manger das Eßzimmer.
coucher schlafen.
la chambre à coucher das
    Schlafzimmer.
aussi auch.
le jardin der Garten.
très (vor Adj. u. Adv.) sehr.
la cour der Hof.
derrière hinter.

12.

toujours immer.
propre reinlich, rein.
le mur die Mauer, die Wand.
le plancher der Fußboden.
le plafond die (Zimmer=) Decke.
la porte die Thür, das Thor.
la fenêtre das Fenster.
fermer schließen, zumachen.
donner geben.
donner sur hinausgehen nach.
y da, dort.
il y a es giebt.
le banc die Bank.
le tableau das Gemälde; die Tafel.
noir, noire schwarz.
le tableau noir die Wandtafel.
une armoire ein Schrank.
bon, bonne gut.
l'Allemagne f. Deutschland.
comment wie?
par jour täglich.

13.

es-tu bist du?
je suis ich bin.
as-tu hast du?
déjeuner frühstücken.
j'ai ich habe.
un œuf ein Ei.
jouer spielen.
bien gut, wohl; sehr.

le fils der Sohn.
cher, chère teuer, lieb.
la sœur die Schwester.
le jeu das Spiel.
la balle der (Spiel-) Ball; die (Flinten-) Kugel.

14.

le meuble das Möbel.
trouver finden.
le cas der Fall.
en tout cas in jedem Falle.
plusieurs mehrere.
la chaise der Stuhl.
le buffet der Speiseschrank.
rond, ronde rund.
carré, carrée viereckig.
renfermer einschließen, enthalten.
le service der Dienst.
le service de table das Tisch-geschirr.

—

le repas das Mahl, die Mahlzeit.
le déjeuner das Frühstück.
le dîner das Mittagessen.
le souper das Abendessen.
le matin der Morgen.
midi m. Mittag.
souper zu Abend essen.
le soir der Abend.
pour für.
la tasse die Tasse.
le café der Kaffee; das Kaffee-haus.
ou oder.
le lait die Milch.
le pain das Brot.

15.

êtes-vous seid ihr?
nous sommes wir sind.
le, la quatrième der, die vierte.
le livre das Buch.
le sac der Sack, Tornister.
poser legen, stellen.
français, française französisch.
le Français der Franzose.
parler sprechen.
un peu ein wenig.

16.

leur ihr (e).
le cahier das Heft.
porter tragen.
le dos der Rücken.
ôter abnehmen.
la casquette die Mütze.
le chapeau der Hut.
saluer grüßen.
sous unter.
la boîte der Kasten, die Schachtel.
ils ont sie haben.
la plume die Feder.
le porte-plume der Federhalter.
le crayon der Bleistift.
l'histoire f. die Geschichte.
la semaine die Woche.
par semaine wöchentlich.

17.

le soin die Sorge, Sorgfalt.
il a soin de er trägt Sorge für.
tous alle.
un objet ein Gegenstand, Ding.
ne .. pas nicht.
déchirer zerreißen.

casser zerbrechen, entzweimachen.
une ardoise eine Schiefertafel.
briser zerbrechen, zerschlagen.
la règle die Regel; das Lineal.
gâter verderben; verwöhnen.
oublier vergessen.
respecter achten, schonen.
le mobilier das Mobiliar.
que welchen, welche.
abîmer verderben, beschädigen.
endommager beschädigen.
pendant während.
attentif, attentive aufmerksam.
le voisin der Nachbar.

18.

donc also; doch, denn.
ce (vor Hauptwort) dieser.
chez bei (in der Wohnung).
mais aber, sondern.
c'est es ist, das ist.
la fête das Fest, der Namenstag.
aujourd'hui heute.
ensemble zusammen.
porter ausbringen.
la santé die Gesundheit.

19.

la fille die Tochter, das Mädchen.
la femme die Frau.
le mérite das Verdienst.
la réunion die Vereinigung, Gesellschaft.
la dame die Dame.
romain, romaine römisch.
le Romain der Römer.
qui welcher, welche.
les pierreries f.pl. das Geschmeide.

la parure der Putz, Schmuck.
demander (à einen) fragen, bitten.
le bijou das Juwel, Kleinod.
alors alsdann.
amener herbeiführen.
élever erziehen.
beaucoup (de) viel.
de qui von wem? wessen?
de quoi wovon?

20.

la cigale die Cikade.
la fourmi die Ameise.
chanter singen.
l'été m. der Sommer.
tout l'été den ganzen Sommer.
l'hiver m. der Winter.
seul allein, einzig.
le morceau das Stück.
la mouche die Fliege.
comme wie; da, als.
la faim der Hunger.
la voisine die Nachbarin.
la chose die Sache, das Ding.
quelque irgend ein.
quelque chose etwas.
passer zubringen.
répliquer erwidern, versetzen.
eh bien nun wohl!
danser tanzen.
la réponse die Antwort.
car denn.

21.

le bûcheron der Holzhauer.
la mort der Tod.
la charge die Last, Tracht.
le bois das Holz, Gehölz.

pesant, pesante ſchwer.
fatiguer ermüden.
le fardeau die Bürde, Laſt.
jeter werfen.
la terre die Erde.
appeler rufen, nennen.
aussitôt ſogleich, alsbald.
pourquoi warum?
recharger wieder aufladen.
seulement nur, bloß.
une épaule eine Schulter.
cette (vor *fém. sing.*) dieſe.
la fable die Fabel.
montrer zeigen.
que daß.
le monde die Welt.
tout le monde jedermann.
aimer lieben.
la vie das Leben.
malgré trotz.
la misère das Elend, Leiden.
qu'est-ce que (Acc.) was?

22.
la lettre der Brief.
hier geſtern.
eu gehabt.
j'ai été ich bin geweſen.
joyeux, joyeuse fröhlich, luſtig.
une après-midi ein Nachmittag.
nous uns.
une quantité eine Menge.
le bonbon das Zuckerwerk.
regretter bedauern.
une absence eine Abweſenheit.
pourtant dennoch, doch.
malade krank.
bientôt bald.

s'il te plaît wenn es dir gefällt,
  gefälligſt.
la nouvelle die Nachricht.
une amie eine Freundin.
Marguerite Margarete.
fait gemacht, gethan.

23.
le voyage die Reiſe.
Bâle Baſel.
les vacances *f. pl.* die Ferien.
Jean Johann.
la Suisse die Schweiz.
suisse ſchweizeriſch.
par durch, von.
monter ſteigen, hinaufgehn.
le compartiment das (Eiſenbahn=)
  Abteil, die Abteilung.
non nein.
le compagnon der Gefährte,
  Begleiter.
quelques einige.
jeune jung.
gens *pl.* Leute.
quitter verlaſſen.
Francfort Frankfurt.
la nuit die Nacht.
le wagon der (Eiſenbahn=)
  Wagen.
continuer fortſetzen, fortfahren.
jusqu'à bis nach, bis zu.
dimanche *m.* Sonntag.
vers gegen.
content, contente (de) zufrieden
  (mit).
le séjour der Aufenthalt.
la ville die Stadt.
une église eine Kirche.

puis dann, darauf.
visiter besuchen.
le musée das Museum.
admirer bewundern.
le fleuve der Fluß.
situé, située gelegen.
le Rhin der Rhein.

24.

le paysan der Landmann, Bauer.
couper schneiden, abhauen.
un arbre ein Baum.
le bord der Rand, das Ufer.
la rivière der Fluß.
le malheur das Unglück.
par malheur zum Unglück.
la cognée die Axt.
tomber fallen.
l'eau *f.* das Wasser.
chercher suchen.
longtemps lange Zeit, lange.
la sie.
pauvre arm.
l'homme *m.* der Mensch, Mann.
affliger betrüben.
la perte der Verlust.
l'or *m.* das Gold.
brave brav, tapfer.
le mien, la mienne der, die meinige.
présenter überreichen, darbieten.
l'argent *m.* das Silber, Geld.
nouveau (nouvel), nouvelle neu.
de nouveau von neuem.
si ob; wenn.
peut-être vielleicht.
enfin endlich.
le fer das Eisen.

vraiment wahrlich.
dont dessen, deren.
garder bewahren, behalten, (be-) hüten.
autre andere (r).
le prix der Preis, Lohn.
la foi der Glaube, die Treue.
la bonne foi die Ehrlichkeit.

25.

un oiseau ein Vogel.
vous euch.
si so.
le ihn.
louer loben.
sans ohne.
le doute der Zweifel.
le nom der Name.
animer beleben, beseelen.
célébrer rühmen, preisen, feiern.
ne .. jamais niemals.
il faut es ist nötig, es (man) muß.
ingrat, ingrate undankbar.
la voix die Stimme.
imiter nachahmen.
le vôtre, la vôtre der, die eurige.
un exemple ein Beispiel.
qu'est-ce qui (Nom.) was?

26.

la division die Einteilung.
un an, une année ein Jahr.
le mois der Monat.
cent hundert.
former bilden.
le siècle das Jahrhundert.
ordinaire gewöhnlich.
soixante sechzig.

diviser teilen, einteilen.
douze zwölf.
janvier Januar.
février Februar.
mars März.
avril April.
mai Mai.
juin Juni.
juillet Juli.
août August.
septembre September.
octobre Oktober.
novembre November.
décembre Dezember.
compter zählen, rechnen.
le dernier, la dernière der, die letzte.
on dit man sagt.
onze elf.
quinze fünfzehn.
la saison die Jahreszeit.
le printemps der Frühling.
l'automne m. der Herbst.
vingt zwanzig.
le commencement der Anfang.
celui derjenige.
trente dreißig.
chacun, chacune jede (r).

27.

depuis seit.
la naissance die Geburt.
l'enfance f. die Kindheit.
celle diejenige.
durant während.
penser denken, glauben.
sois sei!
l'amour die Liebe.

28.

cinquante fünfzig.
lundi Montag.
mardi Dienstag.
mercredi Mittwoch.
jeudi Donnerstag.
vendredi Freitag.
samedi Sonnabend.
travailler arbeiten.
le Seigneur der Herr.
le repos die Ruhe.
partager teilen.
la minute die Minute.
la seconde die Sekunde.
indiquer anzeigen, angeben.
l'horloge f. die Uhr.
la pendule die (Pendel=) Stuben= uhr.
la montre die (Taschen=) Uhr.
le clocher der Glocken=, Kirchturm.
la poche die Tasche.
le gilet die Weste.
marquer bezeichnen.
le chiffre die Ziffer, Zahl.
le cadran das Zifferblatt.
une aiguille eine (Näh=) Nadel, ein (Uhr=) Zeiger.
regarder ansehen, anblicken.

29.

la prière das Gebet, die Bitte.
l'onde f. die Welle.
la fontaine die Quelle.
le passereau der Sperling.
la laine die Wolle.
un agneau ein Lamm.
l'ombre f. der Schatten.
la rosée der Tau.

la plaine die Ebene.
le mendiant der Bettler.
pleurer weinen, beweinen.
l'orphelin m. die Waise.
la demeure die Wohnung.
le prisonnier der Gefangene.
la liberté die Freiheit.
désirer wünschen.

30.
le roi der König.
la France Frankreich.
la chasse die Jagd.
s'égarer sich verirren.
la forêt der Wald.
rencontrer treffen, begegnen.
être sein.
le guide der Führer, Wegweiser.
une affaire ein Geschäft, eine Sache, Angelegenheit.
avoir affaire (à mit einem) zu thun haben.
un officier ein Offizier.
volontiers gern.
rester (übrig) bleiben.
à côté de zur Seite, neben.
moi ich.
parmi (mitten) unter.
ceux diejenigen.
approcher herankommen, herannahen.
remarquer bemerken.
la tête der Kopf, das Haupt.
le courtisan der Hofmann, Höfling.
le prince der Prinz, Fürst.
accompagner begleiten.
tourner drehen, (um=) wenden.
vous Sie.

31.
loin de weit, fern von.
marcher gehen, treten, marschieren.
puissant, puissante mächtig.
plus mehr.
la faiblesse die Schwäche, Schwachheit.
sans cesse ohne Aufhören, unaufhörlich.
guider führen, leiten.
le pas der Schritt.

32.
une abeille eine Biene.
la brebis das Schaf.
le bienfaiteur der Wohlthäter.
un animal ein Tier.
certainement sicherlich, allerdings.
celui-ci dieser.
nécessaire notwendig, nötig.
tandis que während.
le miel der Honig.
ne .. que nur.
agréable angenehm.

33.
le chaperon die Kappe.
rouge rot.
joli, jolie hübsch.
le village das Dorf.
fou (fol), folle närrisch, vernarrt.
la grand'mère die Großmutter.
aller stehen, passen.
partout überall.
envoyer schicken.
passer durchgehen, treten.
le loup der Wolf.
avoir envie Lust haben.

oser wagen.
à cause de wegen.
le gâteau der Kuchen.
le pot der Topf.
le beurre die Butter.
frais, fraîche frisch.
là-bas da unten, da draußen.
le chemin der Weg.
court, courte kurz.
long, longue lang.
s'amuser sich unterhalten, sich die Zeit vertreiben.
faire machen, thun.
le bouquet der (Blumen=) Strauß.
la fleur die Blume.

34.

la voie der Weg, die Bahn.
le pécheur der Sünder.
cheminer wandeln.
la joie die Freude.
le lis die Lilie.
la blancheur die Weiße.
humble bescheiden, demütig.
il t'importe es kümmert dich, geht dich an.
riche reich.
le souffle der Hauch.
emporter wegtragen, fortreißen.
la force die Kraft.
fort, forte stark.
le cœur das Herz.
innocent, innocente unschuldig.

35.

la suite die Folge, Fortsetzung; das Gefolge.
heurter stoßen; klopfen.

toc, toc tapp, tapp.
votre Ihr (e).
le lit das Bett.
parce que weil.
se trouver sich befinden.
mal schlecht, schlimm, übel.
crier schreien, rufen.
tirer ziehen.
la chevillette der Pflock.
dévorer fressen, verschlingen.
moins weniger.
ne .. rien nichts.
en moins de rien im Nu.
ensuite darauf.
se coucher sich niederlegen.
il fit er machte, that.

36.

rejeter zurückwerfen, zurückweisen.
il dira er wird sagen.
la pitié das Erbarmen, Mitleid.
personne .. ne niemand.
songer (à) denken (an).
le feuillage das Laub.
hélas ach! leider!
pardonner verzeihen.
gourmand, gourmande lecker.
gronder auszanken, schelten.
un âge ein Alter.

37.

le garçon der Kellner.
le potage die Suppe.
la soupe die Suppe.
le riz der Reis.
le bouillon die Fleischbrühe.
le vin der Wein.
blanc, blanche weiß.

la bouteille die Flasche.
le plat das Gericht, die Schüssel.
la viande das (zur Nahrung be=
stimmte) Fleisch.
le bœuf das Rind, Rindfleisch.
la sorte die Sorte, Art.
le rôti der Braten.
le veau das Kalb.
le gibier das Wild (bret).
le légume das Gemüse.
la salade der Salat.
la pomme der Apfel.
la pomme de terre die Kartoffel.
le haricot die Bohne.
vert, verte grün.
le dessert der Nachtisch.
la poire die Birne.
la prune die Pflaume.
la pêche der Pfirsich.
un abricot eine Aprikose.
le raisin die (Wein=) Traube.
commander befehlen, bestellen.

38.
une énigme ein Rätsel.
le champ das Feld.
bas, basse niedrig, tief.
la basse-cour der Wirtschaftshof.
brun. brune braun.
gris. grise grau.
lequel, laquelle welcher, welche?
la couleur die Farbe.

39.
un exercice eine Übung.
la prononciation die Aussprache.
sec. sèche trocken.
le fromage der Käse.

gager wetten.
autre chose etwas anderes.
dodu, dodue feist.
le dindon der Truthahn.

40.
la fin das Ende.
après *prp.* nach); *adv.* nachher.
gros, grosse dick, stark, grob.
d'abord zuerst.
la peur die Furcht.
enrhumé, enrhumée verschnupft.
étonner erstaunen, in Erstaunen
setzen.
s'étonner sich wundern.
l'air *m.* das Aussehen, die Miene.
elle dit sie sagte.
le bras der Arm.
pour (vor Inf.) um zu.
mieux besser.
embrasser umarmen.
une oreille ein Ohr.
l'œil *m.* das Auge, *pl.* les yeux.
la dent der Zahn.
le mot das Wort.
méchant, méchante böse, unartig.

41.
lorsque als, wenn.
gentil, gentille artig, hübsch.
sage weise; artig.
une image ein Bild.
le fouet die Peitsche, Rute.
triste traurig.
une aventure ein Abenteuer.
o gai juchhe!

42.
vieux (vieil). vieille alt.
mille tausend.

ceux-ci diese.
ceux-là jene.
mutuel, mutuelle gegenseitig.
le devoir die Pflicht.
éternel, éternelle ewig.
durer dauern.
les petits-enfants die Enkel.
un aïeul ein Großvater.
les arrière-petits-enfants die Urenkel.
le bisaïeul der Urgroßvater.
nombreux, nombreuse zahlreich.

43.

la pluie der Regen.
le marchand der Kaufmann.
la foire der Jahrmarkt.
retourner } zurückkehren.
s'en retourner
le cheval das Pferd.
la valise das Felleisen.
plein, pleine voll.
la violence die Heftigkeit.
mouiller naßmachen.
un os ein Knochen.
mécontent, mécontente unzufrieden.
murmurer murren.
meilleur, meilleure besser.
épais, épaisse dicht.
le brigand der Räuber.
la joue die Wange.
coucher en joue (auf einen) anlegen.
la poudre das Pulver.
étant seiend.
manquer (ver=) fehlen.
le coup der Hieb, Stich, Schuß.

un éperon ein Sporn.
gagner gewinnen, erreichen.
une auberge eine Herberge, ein Wirtshaus.
lui-même er (sich) selbst.
la sûreté die Sicherheit.
le tort das Unrecht.
supporter ertragen.
patiemment geduldig.
le bienfait die Wohlthat.
la Providence die Vorsehung.
mort, morte tot, gestorben.
nager schwimmen.
le sang das Blut.
à l'heure qu'il est zu dieser Stunde, jetzt.
sauver retten.

44.

le coq der Hahn.
la perle die Perle.
détourner abwenden, beiseite schaffen.
le beau premier der erste beste.
le lapidaire der Edelsteinhändler.
je crois ich glaube, halte für.
fin, fine fein.
le, la moindre der, die geringste.
le grain das Korn.
le mil die Hirse.

45.

la ruse die List.
ayant habend.
mener führen.
une écurie ein Stall.
chauffer wärmen.
froid, froide kalt.

avoir froid frieren.
la place der Platz, die Stelle.
autour de um, herum.
la cheminée der Kamin.
le voisinage die Nachbarschaft, Nähe.
aucun .. ne keiner.
bouger sich rühren.
vite schnell.
une douzaine ein Dutzend.
l'huître f. die Auster.
exécuter ausführen.
un ordre ein Befehl.
voler fliegen, eilen.
rentrer wieder eintreten.
refuser sich weigern.

46.
gaiement munter.
un instant ein Augenblick.
s'envoler davonfliegen, enteilen.
profiter (de etwas) benutzen.

47.
le pied der Fuß.
prochain. prochaine nahe (gelegen), nächste.
en chemin unterwegs.
un louis ein Louisdor.
empocher in die Tasche stecken.
la fortune das Geschick, Glück.
s'écrier ausrufen.
dit gesagt.
différent, différente verschieden.
souffler blasen, zuflüstern.
ne pas souffler mot kein Sterbenswörtchen sagen.
le voleur der Dieb, Räuber.
trembler zittern.
perdu. perdue verloren.
vrai, vraie wahr.
s'échapper entlaufen, entschlüpfen.
à travers quer durch.
immobile unbeweglich.
ne .. point de kein (e).

48.
le paradis das Paradies.
nul .. ne keiner.
admis, admise zugelassen.

49.
badin, e tändelnd, scherzhaft.
Jacques Jakob.
le verbe das Zeitwort.
grandir groß werden, wachsen.
un échantillon eine Probe.
la conjugaison die Konjugation.
borner begrenzen, beschränken.
chérir (zärtlich) lieben.
égal, e gleich.
précisément genau, gerade.
tant so sehr, so viel.
tâcher trachten, sich bemühen.
mériter verdienen.
davantage mehr.
la nourrice die Amme.
le retour die Rückkehr; die Erwiderung.
facile leicht (zu thun).
deviner (er-) raten.
le plus am meisten.
cependant indessen, jedoch.
ni .. ni weder .. noch.
le souci die Sorge.

le point der Punkt.
sûr, e sicher, gewiß.
marquer bezeichnen; melden, anzeigen.

50.
le castor der Biber.
établir festsetzen; anlegen, einrichten.
scier (zer=) sägen.
la branche der Ast, Zweig.
enfoncer einschlagen, einrammen.
bâtir bauen.
une espèce eine Art.
le pilotis die Grundpfähle.
remplir (an=) füllen, erfüllen.
un intervalle ein Zwischenraum.
pétrir kneten.
la queue der Schwanz.
la maisonnette das Häuschen.
le magasin die Niederlage, Vorratskammer, der Laden.
c'est-à-dire das heißt, nämlich.
la provision der Vorrat.
une écorce eine (Baum=) Rinde.
nourrir (er=) nähren.
jouir de qch. etwas genießen, sich an etwas erfreuen.
la paix der Friede.
le danger die Gefahr.
avertir benachrichtigen, warnen.
plonger (unter=) tauchen.
cacher verbergen, verstecken.
un asile ein Zufluchtsort.

51.
revoir wiedersehen.
bénir segnen; preisen.
la destinée das Schicksal, Geschick.
réunir vereinigen.
doux, douce süß; lieblich; mild, freundlich.
le bonheur das Glück.
s'endormir einschlafen.
tranquille ruhig.
le toit das Dach.
demain morgen.
accomplir vollenden, erfüllen, ausführen.
un ouvrage eine Arbeit, ein Werk.
le courage der Mut.

52.
choisir (aus=) wählen, erwählen.
le ministre der Minister.
la reine die Königin.
les enfers m. die Unterwelt.
agir handeln.
il s'agit de es handelt sich um.
espérer hoffen.
l'État m. der Staat.
fleurir blühen.
un emploi ein Gebrauch; Amt.
la fièvre das Fieber.
la goutte die Gicht.
la guerre der Krieg.
s'avancer vorrücken, hervortreten.
lent, e langsam.
le fond der Grund, Boden, die Tiefe.
le Tartare das Schattenreich.
le sujet der Unterthan.
excellent, e vortrefflich, ausgezeichnet.
un accueil ein Empfang.

Imparfait.

je finissais ich enbigte   je rompais ich brach

Passé défini.

je finis ich enbigte   je rompis ich brach
tu finis du enbigtest   tu rompis du brachst
il finit er enbigte   il rompit er brach
nous finîmes wir enbigten   nous rompîmes wir brachen
vous finîtes ihr enbigtet   vous rompîtes ihr bracht
ils finirent sie enbigten   ils rompirent sie brachen

Futur.

je finirai ich werde enbigen   je romprai ich werde brechen

Conditionnel.

je finirais ich würde enbigen   je romprais ich würde brechen

Impératif.

finis enbige   romps brich
finissons laßt uns enbigen   rompons laßt uns brechen
finissez enbigt   rompez brecht

Fragende Form.

ai-je habe ich?   suis-je bin ich?
as-tu hast du?   es-tu bist du?
a-t-il hat er?   est-il ist er?
a-t-elle hat sie?   est-elle ist sie?
avons-nous haben wir?   sommes-nous sind wir?
avez-vous habt ihr?   êtes-vous seid ihr?
ont-ils } haben sie?   sont-ils } sind sie?
ont-elles   sont-elles

(parlé-je spreche ich?)   ai-je parlé habe ich ⎫
parles-tu sprichst du?   as-tu parlé hast du ⎪
parle-t-il spricht er?   a-t-il parlé hat er ⎪
parle-t-elle spricht sie?   a-t-elle parlé hat sie ⎬ gesprochen?
parlons-nous sprechen wir?   avons-nous parlé haben wir ⎪
parlez-vous sprecht ihr?   avez-vous parlé habt ihr ⎪
parlent-ils } sprechen sie?   ont-ils parlé } haben sie ⎭
parlent-elles   ont-elles parlé

la peste die Pest.
contester bestreiten, in Abrede stellen.
balancer schwanken.
le moment der Augenblick.
offrir (an=) bieten.
le vice das Laster.
hésiter zaudern, zögern.
l'intempérance *f.* die Unmäßigkeit.

53.

divertir belustigen, vergnügen.
la crainte die Furcht, Scheu.
la tâche die Aufgabe, Arbeit.
finir (be=) endigen.

54.

la station die Station, der Anhaltepunkt.
descendre ab=, aussteigen; landen.
tout de suite auf der Stelle, sofort.
la vue das Gesicht; die Absicht.
perdre de vue aus dem Gesicht verlieren.
le bagage das Gepäck.
attendre warten, erwarten.
défendre verteidigen, schützen; verbieten.
avant vor.
l'arrêt *m.* das Anhalten, der Aufenthalt.
complet, ète vollständig, vollkommen.
à présent jetzt, gegenwärtig.
l'arrivée *f.* die Ankunft.
le conducteur der Führer, Schaffner.

répondre antworten; entsprechen.
probable wahrscheinlich.
la question die Frage.
adresser à richten an.

55.

le moineau der Sperling.
paresseux, se faul.
rendre wieder=, zurückgeben; machen.
rendre service einen Dienst leisten.
confondre vermengen, verwechseln.
la facilité die Leichtigkeit.
d'ailleurs übrigens.
le bruit das Geräusch, der Lärm.
par conséquent folglich.
le piège die Falle, Schlinge.
tendre spannen, ausstrecken, reichen.
tendre un piège eine Falle stellen.
le naturaliste der Naturforscher.
enlever aufheben; wegnehmen.
le litre das Liter.
le blé das Getreide, Korn.
le laboureur der Ackersmann.
débarrasser befreien.
la foule der Haufe, die Menge.
un ennemi ein Feind.
contre gegen.
un insecte ein Insekt.
nuisible schädlich.
prétendre behaupten, gedenken.
la raison die Vernunft; das Recht; der Grund.

56.

bienheureux, se glücklich, selig.
de bonne heure früh.

daigner geruhen.
instruire unterrichten, belehren.
le don die Gabe, das Geschenk.
le ciel der Himmel.
orner schmücken, zieren.
dès von . . an, seit.
l'abord m. der Zugang, die Annäherung.
contagieux, se ansteckend.
altérer verändern, verderben, entstellen.
l'innocence f. die Unschuld.
docile gelehrig, fügsam.
la loi das Gesetz.

57.

I. le Danemark Dänemark.
l'électeur m. der Wähler; Kurfürst.
la Saxe Sachsen.
la Pologne Polen.
un empereur ein Kaiser.
la Russie Rußland.
s'entendre sich verständigen.
combattre (be-) kämpfen, fechten.
la Suède Schweden.
une attaque ein Angriff.
une île eine Insel.
investir einschließen.
la mer das Meer, die See.
se rendre sich begeben; sich ergeben.
la capitale die Hauptstadt.
la Livonie Livland.
inutile unnütz, vergeblich.
un effort eine Anstrengung.
assiéger belagern.
la manière die Art und Weise.
de manière que so daß.
forcer zwingen.

lever (auf-) heben.
le siège die Belagerung.
II. achever enden, vollenden.
la campagne der Feldzug.
mil (bei Jahreszahlen) = mille.
attaquer angreifen.
le Suédois der Schwede.
le camp das Lager.
le Russe der Russe.
le combat der Kampf, das Gefecht.
battre schlagen.
le pont die Brücke.
rompre brechen.
le fuyard der Flüchtling.
couvert, e bedeckt.
désespérer verzweifeln.
impossible unmöglich.
le général der Feldherr, General.
périr untergehn, umkommen.
le retranchement die Verschanzung.
la bataille die Schlacht.
livrer liefern, überliefern.
le côté die Seite.
III. la bravoure die Tapferkeit.
le soldat der Soldat.
franchir überschreiten.
la frontière die Grenze.
la Turquie die Türkei.
l'Europe f. Europa.
suédois, e schwedisch.
nommer nennen, ernennen.
environ ungefähr, etwa.
un écu ein Thaler.
la moitié die Hälfte.
persuader überreden, überzeugen.
à part beiseite.

le maître de poste der Post=
   meister.
reposer ruhen.
la voiture der Wagen.
traîner (hinter sich her) ziehen,
   schleppen.
réussir Erfolg haben.
je réussis à es gelingt mir zu.
le point du jour der Tages=
   anbruch.

la route der Weg, die (Land=)
   Straße.
seize sechzehn.
la course das Rennen; die
   Fahrt, Reise.
alors damals.
le chef-lieu der Hauptort, die
   Hauptstadt.
la Poméranie Pommern.
retarder aufhalten, verzögern.

IV.
Grammatik.

A. Lautlehre.
I. Vokale.
a. reine Vokale.

		été	qui
	père		
ma	peur le	peu	vue
pas			
	or		
		mot	
			où

qui: Paris, ami, prie, midi, amie, vie, dit, prix, lit, riz, ville dîner
y, Lyon
été: Frédéric, célébré, année, étage, énigme, écoute, malgré parler, parlez, et, assez, eh. chez
j'ai, je parlai, je parlerai
père: mère, frère, après, très, règle, élève
fête, tête, fenêtre, être, vous êtes, pêche, même, forêt
elle est, belle, terre, nouvelle, lettre, vers, cher, fer, mes
fait, mais, lait, frais, vrai, je parlais, laine, air, aie
maître, plaît
ma: ta, sa, il a, parla, animal, dame, lac, table, classe, balle
à, déjà, là
pas: bas, cas, gare, carré, bras, plat, malade, salade, repas
âge, gâter, Bâle, nous parlâmes, vous parlâtes

or: tort, bord, porte, commode, poste, propre, notre, votre Paul, il aura
mot: dos, os, pot, gros, repos, poser, chose hôtel, hôte, ôter, nôtre, vôtre, rôti, côté aussi, pauvre, autre, épaule, sauver eau, beau, veau, bureau, chapeau, gâteau
où: nous, jour, pour, sous, tout, joue, fou, coup, août
peur: heure, leur, meuble, fleur, malheur, fleuve, beurre sœur, cœur, œuf, bœuf
le: de, ne, ce, que, je, me, te, se petit, brebis, cheval, fenêtre, mener, rejeter, leçon, repos
peu: jeu, jeudi, deux, déjeuner, nombreux œufs, bœufs
rue: rue, mur, sur, plus, plume, bureau, nul, durer, une eu, j'eus, nous eûmes

b. nasale Vokale.

blanc: dans, maman, grand, banc, sans, tante, santé chambre, champ
en, enfant, pendant, cent, comment, dent, trente temps, ensemble, septembre, novembre, trembler
vin: fin, cousin, cinq, vingt, Rhin, enfin, matin, prince train, main, pain, Romain, grain, prochain importe, faim, plein
mon: bonbon, son, sont, allons, font, mont, oncle, monde nom, nombre, tombe, ombre, compter
un: brun, lundi, chacun, aucun humble

c. Diphthonge.

Dieu: adieu, monsieur, mieux, vieux, yeux premier, cahier, pied, hier, Pierre, quatrième, siècle bien, rien, combien, mien, tien, sien viande
fois: trois, mois, roi, foi, voix, voilà, histoire, foire, boîte voyage, voyageur, joyeux, envoyer soin, loin, moins, point, moindre

oui: Louis, Louise
huit: je suis, nuit, biscuit, depuis, pluie, suite, Suisse, huître
juin

II. Konsonanten.

bas	pas	vin	fin	mai	
dent	temps	ils ont	ils sont	nom	lac
		Jean	champ		
garde	carte	œil	haricot	rue	
		Cologne			

vin: vue, vie, brave, cheval, nouvelle, arrive, avoir, devoir neuf heures, wagon
ils ont: les hommes, mes amis, nous avons, ces arbres cousine, maison, église, musée, plaisir, ruse, oiseau onze, douze, treize, quatorze, quinze, douzaine deuxième, sixième, dixième, dix-huit, dix-neuf deux heures, six ans, dix heures, aux autres
sont: sœur, salle, soir, sang, bourse, absence, fils, mars tasse, classe, dessert, naissance, puissant six, dix, soixante, dix-sept, Scipion cent, commencer, France, force, morceau, merci garçon, leçon, commençons, commençant, français
Jean: jardin, janvier, jeter, jeu, objet, jour, bijou, joie gens, loger, manger, voyageur, rouge, gilet, gibier George, mangeons, voyageons, mangeant, je mangeais
champ: Charles, chacun, chaise, chercher, pécheur, dimanche
garde: gare, regarder, gai, gourmand, figure, légume, grand fatiguer, longue, Marguerite, guide, guider second, seconde
carte: café, car, comme, cœur, écurie, crier, lac, avec quand, quel, bouquet, répliquer, qui, quitter, coq
œil: vieil, gentil
gentille, famille, fille, billet
muraille, bouteille, meilleur, feuillage, bouillon, juillet
Cologne: campagne, Allemagne, seigneur, agneau, gagner
exemple, exercice, exécuter.

B. Formenlehre.

I. Zeitwort (Verbe).

a. Avoir haben.

Participle.

Présent. ayant habend *Passé.* eu gehabt

Indicatif.

Présent.	*Passé indéfini.*
j'ai ich habe	j'ai eu ich habe gehabt
tu as du hast	tu as eu du hast gehabt
il (elle) a er (sie) hat	il (elle) a eu er (sie) hat gehabt
nous avons wir haben	nous avons eu wir haben gehabt
vous avez ihr habt	vous avez eu ihr habt gehabt
ils (elles) ont sie haben	ils (elles) ont eu sie haben gehabt

Imparfait.	*Plus-que-parfait.*
j'avais ich hatte	j'avais eu ich hatte gehabt
tu avais du hattest	tu avais eu du hattest gehabt
il avait er hatte	il avait eu er hatte gehabt
nous avions wir hatten	nous avions eu wir hatten gehabt
vous aviez ihr hattet	vous aviez eu ihr hattet gehabt
ils avaient sie hatten	ils avaient eu sie hatten gehabt

Passé défini.	*Passé antérieur.*
j'eus ich hatte (bekam)	j'eus eu ich hatte gehabt
tu eus du hattest	tu eus eu du hattest gehabt
il eut er hatte	il eut eu er hatte gehabt
nous eûmes wir hatten	nous eûmes eu wir hatten gehabt
vous eûtes ihr hattet	vous eûtes eu ihr hattet gehabt
ils eurent sie hatten	ils eurent eu sie hatten gehabt

Futur.	*Futur passé.*
j'aurai ich werde haben	j'aurai eu ich werde \
tu auras du wirst haben	tu auras eu du wirst
il aura er wird haben	il aura eu er wird } gehabt haben
nous aurons wir werden haben	nous aurons eu wir werden
vous aurez ihr werdet haben	vous aurez eu ihr werdet
ils auront sie werden haben	ils auront eu sie werden /

Conditionnel.	Conditionnel passé.
j'aurais ich würde haben	j'aurais eu ich würde ⎫
tu aurais du würdest haben	tu aurais eu du würdest
il aurait er würde haben	il aurait eu er würde ⎬ gehabt haben
nous aurions wir würden haben	nous aurions eu wir würden
vous auriez ihr würdet haben	vous auriez eu ihr würdet
ils auraient sie würden haben	ils auraient eu sie würden ⎭

Impératif.
aie habe   ayons laßt uns haben   ayez habt

b. Être sein.

Participe.
Présent. étant seiend   *Passé.* été gewesen

Indicatif.

Présent.   *Passé indéfini.*

je suis ich bin   j'ai été ich bin gewesen
tu es du bist   tu as été du bist gewesen
il (elle) est er (sie) ist   il (elle) a été er (sie) ist gewesen
nous sommes wir sind   nous avons été wir sind gewesen
vous êtes ihr seid   vous avez été ihr seid gewesen
ils (elles) sont sie sind   ils (elles) ont été sie sind gew.

Imparfait.   *Plus-que-parfait.*

j'étais ich war   j'avais été ich war gewesen
tu étais du warst   tu avais été du warst gewesen
il était er war   il avait été er war gewesen
nous étions wir waren   nous avions été wir waren gewesen
vous étiez ihr wart   vous aviez été ihr wart gewesen
ils étaient sie waren   ils avaient été sie waren gewesen

Passé défini.   *Passé antérieur.*

je fus ich war   j'eus été ich war gewesen
tu fus du warst   tu eus été du warst gewesen
il fut er war   il eut été er war gewesen
nous fûmes wir waren   nous eûmes été wir waren gewesen
vous fûtes ihr wart   vous eûtes été ihr wart gewesen
ils furent sie waren   ils eurent été sie waren gewesen

<table>
<tr><td>

Futur.

je serai ich werde sein
tu seras du wirst sein
il sera er wird sein
nous serons wir werden sein
vous serez ihr werdet sein
ils seront sie werden sein

</td><td>

Futur passé.

j'aurai été ich werde
tu auras été du wirst
il aura été er wird
nous aurons été wir werden
vous aurez été ihr werdet
ils auront été sie werden

⎫
⎬ gewesen sein
⎭

</td></tr>
<tr><td>

Conditionnel.

je serais ich würde sein
tu serais du würdest sein
il serait er würde sein
nous serions wir würden sein
vous seriez ihr würdet sein
ils seraient sie würden sein

</td><td>

Conditionnel passé.

j'aurais été ich würde
tu aurais été du würdest
il aurait été er würde
nous aurions été wir würden
vous auriez été ihr würdet
ils auraient été sie würden

⎫
⎬ gewesen sein
⎭

</td></tr>
</table>

Impératif.

sois sei   soyons laßt uns sein   soyez seid

c. **Parler** sprechen.

Participe.

Présent. parl**ant** sprechend   *Passé.* parlé gesprochen

Indicatif.

<table>
<tr><td>

Présent.

je parl**e** ich spreche
tu parl**es** du sprichst
il (elle) parl**e** er (sie) spricht
nous parl**ons** wir sprechen
vous parl**ez** ihr sprecht
ils (elles) parl**ent** sie sprechen

</td><td>

Passé indéfini.

j'ai parlé ich habe
tu as parlé du hast
il (elle) a parlé er (sie) hat
nous avons parlé wir haben
vous avez parlé ihr habt
ils (elles) ont parlé sie haben

⎫
⎬ gesprochen
⎭

</td></tr>
<tr><td>

Imparfait.

je parlais ich sprach
tu parlais du sprachst
il parlait er sprach
nous parl**ions** wir sprachen
vous parliez ihr spracht
ils parlaient sie sprachen

</td><td>

Plus-que-parfait.

j'avais parlé ich hatte
tu avais parlé du hattest
il avait parlé er hatte
nous avions parlé wir hatten
vous aviez parlé ihr hattet
ils avaient parlé sie hatten

⎫
⎬ gesprochen
⎭

</td></tr>
</table>

Passé défini.   *Passé antérieur.*

je parlai ich sprach	j'eus parlé ich hatte
tu parlas du sprachst	tu eus parlé du hattest
il parla er sprach	il eut parlé er hatte
nous parlâmes wir sprachen	nous eûmes parlé wir hatten
vous parlâtes ihr spracht	vous eûtes parlé ihr hattet
ils parlèrent sie sprachen	ils eurent parlé sie hatten

gesprochen

Futur.   *Futur passé.*

je parlerai ich werde	j'aurai parlé ich werde
tu parleras du wirst	tu auras parlé du wirst
il parlera er wird	il aura parlé er wird
nous parlerons wir werden	nous aurons parlé wir werd.
vous parlerez ihr werdet	vous aurez parlé ihr werdet
ils parleront sie werden	ils auront parlé sie werden

sprechen   gesprochen haben

Conditionnel.   *Conditionnel passé.*

je parlerais ich würde	j'aurais parlé ich würde
tu parlerais du würdest	tu aurais parlé du würdest
il parlerait er würde	il aurait parlé er würde
nous parlerions wir würden	nous aurions parlé wir würd.
vous parleriez ihr würdet	vous auriez parlé ihr würdet
ils parleraient sie würden	ils auraient parlé sie würden

sprechen   gesprochen haben

Impératif.

parle sprich   parlons laßt uns sprechen   parlez sprecht

Anm. commencer — commençons, je commençais, commençant.
manger — mangeons, je mangeais, mangeant.

     d. **Finir** endigen.   e. **Rompre** brechen.

Participe.

Présent. finissant endigend	rompant brechend
Passé. fini geendigt	rompu gebrochen

Indicatif.

Présent.

je finis ich endige	je romps ich breche
tu finis du endigst	tu romps du brichst
il finit er endigt	il rompt er bricht
nous finissons wir endigen	nous rompons wir brechen
vous finissez ihr endigt	vous rompez ihr brecht
ils finissent sie endigen	ils rompent sie brechen

𝔙𝔢𝔯𝔫𝔢𝔦𝔫𝔢𝔫𝔡𝔢 𝔉𝔬𝔯𝔪.

je n'ai pas ich habe nicht	je ne suis pas ich bin nicht
tu n'as pas du hast nicht	tu n'es pas du bist nicht
il n'a pas er hat nicht	il n'est pas er ist nicht
elle n'a pas sie hat nicht	elle n'est pas sie ist nicht
nous n'avons pas wir haben nicht	nous ne sommes pas wir sind nicht
vous n'avez pas ihr habt nicht	vous n'êtes pas ihr seid nicht
ils n'ont pas \} sie haben nicht	ils ne sont pas \} sie sind nicht
elles n'ont pas	elles ne sont pas

je ne parle pas ich spreche nicht	je n'ai pas parlé ich habe nicht
tu ne parles pas	tu n'as pas parlé [gesprochen
il (elle) ne parle pas	il (elle) n'a pas parlé
nous ne parlons pas	nous n'avons pas parlé
vous ne parlez pas	vous n'avez pas parlé
ils (elles) ne parlent pas	ils (elles) n'ont pas parlé

II. 𝔊𝔢𝔰𝔠𝔥𝔩𝔢𝔠𝔥𝔱𝔰𝔴𝔬𝔯𝔱 𝔲𝔫𝔡 𝔥𝔞𝔲𝔭𝔱𝔴𝔬𝔯𝔱.
(Article et Substantif.)

a. 𝔄𝔯𝔱𝔦𝔨𝔢𝔩.
 1. unbestimmt: **un, une.** un journal, une carte.
 2. bestimmt: **le, la.** le journal, la carte.
   l'ami, l'amie, l'hôtel, l'heure; le haricot.

b. 𝔊𝔢𝔰𝔠𝔥𝔩𝔢𝔠𝔥𝔱 𝔡𝔢𝔯 𝔥𝔞𝔲𝔭𝔱𝔴ö𝔯𝔱𝔢𝔯.
 1. *masculin:* le père, le cousin, l'ami, l'hôtel.
 2. *féminin:* la mère, la cousine, l'amie, l'heure.

c. ℜ𝔩𝔲𝔯𝔞𝔩.
 1. le maître, l'élève, la leçon, l'heure.
   les maîtres, **les** élèves, **les** leçons, **les** heures.
 2. le fils, le Français, le repas, la voix.
   les fils, les Français, les repas, les voix.
 3. le tableau, le chapeau, l'oiseau, le gâteau,
   les tableaux, les chapeaux, les oiseaux, les gâteaux.
 4. le journal, l'animal, le cheval, le général,
   les journaux, les animaux, les chevaux, les généraux.
 5. le bijou, les bijoux — l'œil, les **yeux**.

d. Kasus.

Nominativ	Louis Ludwig	une amie	eine Freundin
Genitiv	de Louis Ludwigs	d'une amie	einer Freundin
Dativ	à Louis (dem) Ludwig	à une amie	einer Freundin
Accusativ	Louis Ludwig	une amie	eine Freundin

Singulier.   Pluriel.

	Singulier		Pluriel	
Nom.	ma plume	meine Feder	mes plumes	meine Federn
Gen.	de ma plume	meiner Feder	de mes plumes	meiner Federn
Dat.	à ma plume	meiner Feder	à mes plumes	meinen Federn
Acc.	ma plume	meine Feder	mes plumes	meine Federn
Nom.	cet hôtel	dieser Gasthof	ces hôtels	diese Gasthöfe
Gen.	de cet hôtel	dieses Gasthofs	de ces hôtels	dieser Gasthöfe
Dat.	à cet hôtel	diesem Gasthofe	à ces hôtels	diesen Gasthöfen
Acc.	cet hôtel	diesen Gasthof	ces hôtels	diese Gasthöfe
Nom.	la chambre	das Zimmer	les chambres	die Zimmer
Gen.	de la chambre	des Zimmers	des chambres	der Zimmer
Dat.	à la chambre	dem Zimmer	aux chambres	den Zimmern
Acc.	la chambre	das Zimmer	les chambres	die Zimmer
Nom.	l'enfant	das Kind	les enfants	die Kinder
Gen.	de l'enfant	des Kindes	des enfants	der Kinder
Dat.	à l'enfant	dem Kinde	aux enfants	den Kindern
Acc.	l'enfant	das Kind	les enfants	die Kinder
Nom.	le maître	der Lehrer	les maîtres	die Lehrer
Gen.	du maître	des Lehrers	des maîtres	der Lehrer
Dat.	au maître	dem Lehrer	aux maîtres	den Lehrern
Acc.	le maître	den Lehrer	les maîtres	die Lehrer

e. Teilungsartikel (Article partitif).

1. **du** pain Brot   **de la** soupe Suppe   **de l'**argent Geld
     du vin Wein   **de la** place Platz   **de l'**eau Wasser
     des vins Weine   **des** hommes Männer
     des places Plätze   **des** femmes Frauen

2. du vin rouge — de bon vin
de l'eau fraîche — de bonne eau
des hommes forts — de braves hommes
des femmes pauvres — de belles femmes

3. un grand nombre de voyageurs, une quantité de bonbons, une douzaine d'huîtres, un morceau de pain, une tasse de café, une bouteille de vin; combien de chambres? beaucoup de soin, plus d'argent, peu de pain, moins de lait, assez de place, point d'amis, pas d'amis.

III. Eigenschaftswort (Adjectif).

a. Geschlecht.

1. un pauvre homme, une pauvre femme
jeune, brave, suisse, triste, agréable.
2. un petit frère, une petite sœur
joli, jolie; français, française; content, contente.
3. mon cher cousin, ma chère cousine
premier, première; dernier, dernière.
4. un bon père, une bonne mère
bas, basse; gros, grosse; épais, épaisse;
mutuel, mutuelle; éternel, éternelle; gentil, gentille.
5. un beau jardin, un bel arbre, une belle vue
nouveau, nouvel, nouvelle; fou, fol, folle;
vieux, vieil, vieille.
6. attentif, attentive; joyeux, joyeuse; long, longue;
blanc, blanche; sec, sèche; frais, fraîche.

b. Plural.

1. pauvre   petit, petite   bon, bonne   fou, folle
   pauvres   petits, petites bons, bonnes fous, folles
2. bas épais français nombreux vieux
   bas épais français nombreux vieux
3. beau   nouveau
   beaux nouveaux.

c. Steigerung.

Positif.   *Comparatif.*   *Superlatif.*

pauvre arm   plus pauvre ärmer   le (la) plus pauvre der (die) ärmste

petit   } klein   plus petit   } kleiner   le plus petit der   } kleinste
petite   plus petite   la plus petite die

Anm. bon   } gut   meilleur   } besser   le meilleur der   } beste
bonne   meilleure   la meilleure die

petit   } gering   moindre geringer   le moindre der   } geringste.
petite   la moindre die

IV. Zahlwort (Nombre).

a. Grundzahlen   b. Ordnungszahlen
(Nombres cardinaux):   (Nombres ordinaux):

1 un, une   1er le premier, la première
2 deux   2e le deuxième, le second
3 trois   3e le troisième
4 quatre   4e le quatrième
5 cinq   5e le cinquième
6 six   6e le sixième
7 sept   7e le septième
8 huit   8e le huitième
9 neuf   9e le neuvième
10 dix   10e le dixième
11 onze   11e le onzième
12 douze   12e le douzième
13 treize   13e le treizième
14 quatorze   14e le quatorzième
15 quinze   15e le quinzième
16 seize   16e le seizième
17 dix-sept   17e le dix-septième
18 dix-huit   18e le dix-huitième
19 dix-neuf   19e le dix-neuvième
20 vingt   20e le vingtième
21 vingt et un   21e le vingt et unième
22 vingt-deux   22e le vingt-deuxième
23 vingt-trois   23e le vingt-troisième
30 trente   30e le trentième

40 quarante	40ᵉ le quarantième
50 cinquante	50ᵉ le cinquantième
60 soixante	60ᵉ le soixantième
70 soixante-dix	70ᵉ le soixante-dixième
71 soixante-onze	71ᵉ le soixante-onzième
72 soixante-douze	72ᵉ le soixante-douzième
80 **quatre-vingt**	80ᵉ le **quatre-vingtième**
81 quatre-vingt-un	81ᵉ le quatre-vingt-unième
90 **quatre-vingt-dix**	90ᵉ le **quatre-vingt-dixième**
91 quatre-vingt-onze	91ᵉ le quatre-vingt-onzième
100 cent	100ᵉ le centième
101 cent un	101ᵉ le cent unième
1000 mille	1000ᵉ le millième

Anm. 1. plus de trois cents jours, trois cent soixante-cinq jours; quatre-vingts jours, quatre-vingt-trois jours.
2. le premier, le deux, le trois, le quinze, le dix-sept janvier; Henri premier, Frédéric deux, Henri quatre, Charles douze, Louis quatorze.

V. Fürwort (Pronom).

a. Perſönliche Fürwörter (Pronoms personnels).
1. verbundene (conjoints).

	1. Perſon	2. Perſon	3. Perſon	
Sing.			masc.	fém.
Nom.	je ich	tu du	il er	elle ſie
Dat.	me mir	te dir	lui ihm	lui ihr
Acc.	me mich	te dich	le ihn	la ſie

	1. Perſon	2. Perſon	3. Perſon	
Plur.			masc.	fém.
Nom.	nous wir	vous ihr (Sie)	ils ſie	elles ſie
Dat.	nous uns	vous euch (Ihnen)	leur ihnen	leur ihnen
Acc.	nous uns	vous euch (Sie)	les ſie	les ſie

On me donnera; s'il te plaît; elle ne lui donna pas; elle ne nous a pas donné; s'il vous plaît; on leur donne. La perte m'afflige; Dieu t'envoie; vous le louez; le loup la dévora; ils ne nous quittèrent pas; je vous admire; qui les a faits?

Reflexives Zeitwort:

je me couche   tu te couches   il (elle) se couche
nous nous couchons   vous vous couchez   ils (elles) se couchent

Anm.   pardonnez-moi, couche-toi, donnez-nous;
ne me grondez pas, ne te couche pas, ne lui donnez pas.

En davon, deren; y da, dahin.

Le marchand s'en retournait; nous en avons cinq; vous n'en célébrez jamais d'autre. Il y a; on y trouve.

2. alleinstehende (absolus).

	1. Person	2. Person	3. Person	
			masc.	*fém.*
Sing.	moi	toi	lui	elle
Plur.	nous	vous	eux	elles

Qui est là? Moi. Je suis plus grand que toi. Derrière lui (elle). Chez nous. C'est vous. Eux-mêmes, elles-mêmes. Chacun pour soi.

b. Besitzanzeigende Fürwörter (Pronoms possessifs).

1. vor einem Hauptworte.

		Sing.			Plur.	
Sing.	*m.*	mon	ton	son	notre	votre	leur
	f.	ma	ta	sa			
Plur.		mes	tes	ses	nos	vos	leurs
		mein	dein	sein, ihr	unser	euer (Ihr)	ihr

Anm.   mon amie, ton absence; ma chère amie, ta longue absence.

2. alleinstehend.

Sing.	*m.*	le mien	le tien	le sien
	f.	la mienne	la tienne	la sienne
Plur.	*m.*	les miens	les tiens	les siens
	f.	les miennes	les tiennes	les siennes
		der meinige	der deinige	der seinige, der ihrige
Sing.	*m.*	le nôtre	le vôtre	le leur
	f.	la nôtre	la vôtre	la leur
Plur.		les nôtres	les vôtres	les leurs
		der unsrige	der eurige	der ihrige
			(der Ihrige)	

c. **Hinweisende Fürwörter** (Pronoms démonstratifs).

1. **vor einem Hauptworte.**

Sing. ce train dieser (jener) Zug   Plur.   trains
      cet { arbre dieser Baum   ces { arbres
          { homme dieser Mann   { hommes
      cette fable diese Fabel   fables

2. **alleinstehend.**

Sing. { *m.* celui   derjenige   celui-ci   dieser   celui-là   jener
      { *f.* celle   diejenige   celle-ci   diese   celle-là   jene
Plur. { *m.* ceux } diejenigen { ceux-ci } diese { ceux-là } jene
      { *f.* celles }   { celles-ci}   { celles-là}

Le commencement du printemps, celui de l'été, celui de l'hiver. Celle à qui je pense. Ceux qui approcheront.

d. **Zurückbezügliche Fürwörter** (Pronom relatifs).

Sing. u. Plur.

Nom. **qui** welcher; welche   les dames qui parlaient
Gen. **dont** dessen; deren   la cognée dont la perte m'afflige
Dat. **à qui** welchem; denen   celle à qui je pense
Acc. **que** welchen; welche   ses enfants, qu'elle élevait.

e. **Fragende Fürwörter** (Pronoms interrogatifs).

1. **bei einem Hauptworte.**

Singular.

Nom. **quel, quelle** welcher, welche, welches? was für ein?
Gen. **de quel, de quelle** welches, welcher?
Dat. **à quel, à quelle** welchem, welcher?
Acc. **quel, quelle** welchen, welche?

Plural.

Nom. **quels, quelles** welche?
Gen. **de quels, de quelles** welcher?
Dat. **à quels, à quelles** welchen?
Acc. **quels, quelles** welche?

Quel train est arrivé? A quelle heure arrive le train? Quels étaient ses bijoux?

2. alleinstehend.

Nom.	qui wer?	(que) qu'est-ce qui was?
Gen.	de qui wessen?	de quoi wovon?
Dat.	à qui wem?	à quoi wozu? woran?
Acc.	qui wen?	que, qu'est-ce que was?

Qui est à Paris? De qui Cornélie était-elle fille?
A qui était la cognée? Qui saluez-vous? Qu'est-ce qui est arrivé? De quoi parlaient-elles? A quoi penses-tu? Que répliqua-t-il? Qu'est-ce qu'il répliqua?
Lequel, laquelle welcher? Plur. **lesquels, lesquelles** welche?
Lequel des deux? Lesquels de ces enfants sont blancs?

f. Unbestimmte Fürwörter (Pronoms indéfinis).
  1. vor einem Hauptworte.
chaque jeder; quelque irgend ein, quelques einige.
  2. alleinstehend.
chacun, chacune ein jeder, eine jede; on man; ne.. personne niemand; quelque chose etwas; ne.. rien nichts.
  3. vor einem Hauptworte oder alleinstehend.
autre anderer; aucun, aucune.. ne; nul, nulle.. ne kein; même selbst; plusieurs mehrere.

tout village jedes Dorf   toute ville jede Stadt
tout le village das ganze Dorf   toute la ville die ganze Stadt
tous les villages alle Dörfer   toutes les villes alle Städte
tout alles.   tons alle.

VI. Umstandswort (Adverbe).

1. Bildung aus dem Adjektiv.
    brave — brave**ment**, seul — seule**ment**, premier — première**ment**. éternel — éternelle**ment**, nouveau — nouvelle**ment**.
2. Steigerung.

bravement	plus bravement	le plus bravement
tapfer	tapferer	am tapfersten

Anm.
bien gut	mieux besser	le mieux am besten
peu wenig	moins weniger	le moins am wenigsten
beaucoup viel	plus mehr	le plus am meisten.

C. Satzlehre.

1. **Regelmäßige Wortstellung.**

    Le facteur a apporté deux lettres à mon père.
    Quand la cloche sonne, les enfants arrivent à l'école.
    Il travaille beaucoup. Il a beaucoup travaillé.

2. **Fragesatz.**

    a. Joues-tu bien? Où est-il? Où dîne ton ami? Quand arrive le journal? Quel train est arrivé? A quelle heure arrive le train de Berlin? Que désire le malade?
    b. Votre maison est-elle grande? Votre jardin est-il grand? Quelle réponse la cigale donna-t-elle? Comment les courtisans parlèrent-ils au roi? Pourquoi la petite fille eut-elle peur?

3. **Subjekt und Prädikat.**

    La cloche sonne. Les cloches sonnent.
    Mon père fut content. Ma mère fut contente.
    Mes frères furent contents. Mes sœurs furent contentes.
    Êtes-vous content, monsieur?

Anhang.

Zur Wiederholung der Wörter.

La famille 10
les parents 8
l'enfant 5
cher 11
chérir 49
le père 3
la mère 3
maman 5
le fils 13
la fille 19
le grand-père 11
l'aïeul 42
la grand'mère 33
la petite-fille 40
les petits-enfants 42
le bisaïeul 42
les arrière-petits-
    enfants 42
le frère 3
la sœur 13
l'oncle 2
la tante 2
le cousin 2
la cousine 1
l'orphelin 29

Le nom 25
nommer 57
appeler 21
Adolphe 57
Auguste 57
Caroline 2
Charles 5
Charlotte 22
Frédéric 3
George 4
Gustave 57
Hélène 22
Henri 2
Henriette 13
Jacques 49
Jean 23
Louis 2
Louise 1
Marguerite 22
Marie 21
Paul 18
Pierre 3
Sophie 18
Thomas 47

La maison 11
la maisonnette 50
la demeure 29
le numéro 11
un étage 11
le premier étage 11
la chambre 3
une antichambre 11
le salon 11
la salle à manger 11
la chambre à
    coucher 11
se coucher 35
s'endormir tran-
    quille 51
reposer 57
le repos 28
le mur 12
le plancher 12
le plafond 12
la porte 12
la chevillette 35
la fenêtre 12
le fond 52
le toit 51

la cheminée 45
la cour 11
la basse-cour 38
une écurie 45
le voisinage 45
le voisin 17
la voisine 20
bâtir 50
demeurer 11
occuper 11
donner sur 12
fermer 12
heurter 35
rentrer 45

Les meubles 14!
le mobilier 17
la table 4
la chaise 14
rond 14
carré 14
une armoire 12
la commode 5
le buffet 14
le tableau 12
le lit 35
un objet 17
la chose 20

L'école 6
la cloche 6
sonner 6
le maître 6
l'élève 6
élever 19
entrer 6
la classe 6

le banc 12
le tableau noir 12
la carte 8
le sac 15
porter 16
le livre 15
le cahier 16
la boîte 16
la plume 16
la boîte à plumes 17
le porte-plume 16
le crayon 16
une ardoise 17
la règle 17
il ne faut pas
briser 17
casser 17
déchirer 17
gâter 17
abimer 17
endommager 17
oublier 17

La leçon 6
l'histoire 16
la fable 21
la prononciation 39
le mot 40
le nombre 9
nombreux 42
la fois 9
le verbe 49
la conjugaison 49
la tâche 53
facile 49
la facilité 59
un ouvrage 51

le point 49
la question 54
la réponse 20
prier Dieu 6
chanter 20
écouter 6
parler français 15
commencer 6
finir 53
adresser une
   question 54
répondre 54
ne pas souffler
   mot 47
instruire 56
montrer 21
avoir soin 17
attentif 17
docile 56
paresseux 55

La ville 23
la rue 11
la place 45
une église 23
le clocher 28
l'école 6
la poste 5
le musée 23
le tableau 12
admirer 23
le magasin 50
l'hôtel 4
une auberge 43
le café 14
le pont 57
un asile 50

8*

visiter 23
situé 23
Bâle 23
Cologne 2
Copenhague 57
Francfort 23
Lyon 2
Moscou 57
Neuchâtel 4
Paris 1
Saint-Pétersbourg 57
Rome 45

Le jardin 11
la fleur 33
fleurir 52
le lis 34
le bouquet 33
le légume 37
un arbre 24
la branche 50
l'écorce 50
le feuillage 36
l'ombre 29
la rosée 29
le fruit 55
la pomme 37
la poire 37
la prune 37
la pêche 37
un abricot 37
le raisin 37
le grain 44

La campagne 8
la terre 21

la plaine 29
le champ 38
le blé 55
le mil 44
le mont 4
la forêt 30
épais 43
s'égarer 30
le bois 21
le gibier 37
la chasse 30
tendre un piège 55
coucher en joue 43
la poudre 43
le coup 43
manquer 43
l'eau 24
la mer 57
une île 57
le lac 4
le fleuve 23
le Rhin 23
la rivière 24
la fontaine 29
l'onde 29
le bord 24
nager 43
plonger 50
le village 33
la maison de campagne 29
le chemin 33
en chemin 47
cheminer 34
marcher 31
aller 5
le pas 31

court 33
long 33
la voie 34
la route 57

Un animal 32
le cheval 43
l'éperon 43
le fouet 41
le bœuf 37
le veau 37
l'agneau 29
la brebis 32
la laine 29
le loup 33
le castor 50
la queue 50
un oiseau 25
voler 45
s'envoler 46
le coq 44
le dindon 39
le passereau 29
le moineau 55
un insecte 55
la cigale 20
l'abeille 32
la mouche 20
la fourmi 20
le naturaliste 55

Le voyage 23
le voyageur 10
voyager 10
aller à Paris 11
aller en Suisse 23
la course 57

— 117 —

la gare 10
la station 54
le billet 10
le train 10
le train de plaisir 10
le wagon 23
monter 23
descendre 54
quitter 23
continuer 23
le conducteur 54
le compartiment 23
le compagnon de
   voyage 23
la valise 43
le bagage 54
l'arrêt complet 54
attendre 54
arriver 6
l'arrivée 54
un hôtel 4
loger 4
l'hôte 4
la table d'hôte 4
le garçon 37
le séjour 23
une absence 22
une aventure 41
le retour 49
retourner 43
s'en retourner 43
au revoir 51
adieu 3

La poste 5
le maître de poste 57
la voiture 57

le bureau 3
le facteur 8
apporter 5
le journal 8
la lettre 22
la bonne lettre 22
la carte postale 8
donner de ses nou-
   velles 22

Le repas 14
avoir faim 20
manger 11
nourrir 50
le service de table 14
déjeuner 13
dîner 4
souper 14
le déjeuner 14
le café 14
le lait 14
la tasse 14
le pain 14
sec 39
un morceau 20
les petits pains
   blancs 14
le beurre 33
frais 33
un pot de beurre 33
le miel 32
un œuf 13
le fromage 39
le dîner 14
commander 37
l'huître 45
le potage 37

la soupe 37
le riz 37
le bouillon 37
le plat 37
la viande 37
le rôti 37
le bœuf 37
le veau 37
le gibier 37
le dindon 39
dodu 39
la pomme de terre 37
le légume 37
le haricot vert 37
la salade 37
le dessert 37
le gâteau 33
les fruits 55
les bonbons 22
le vin blanc 37
rouge 33
la bouteille 37
le souper 14
la provision 50
gourmand 36

Le jeu 13
jouer 13
la balle 13
danser 20
une énigme 38
deviner 49
un exercice 39
badin 49
gager 39
divertir 52
s'amuser 33

jouir 50
le plaisir 10
la joie 34
joyeux 22
gaiement 46
un ami 4
une amie 22
réunir 51
la réunion 19

Le temps 10
la division 26
diviser 26
le siècle 26
un an 26
une année 26
le jour de l'an 26
la saison 26
le printemps 26
l'été 20
l'automne 26
l'hiver 20
le commencement 26
le mois 26
janvier 26
février 26
mars 26
avril 26
mai 26
juin 26
juillet 26
août 26
septembre 26
octobre 26
novembre 26
décembre 26
la semaine 16

lundi 28
mardi 28
mercredi 28
jeudi 28
vendredi 28
samedi 28
dimanche 23
le repos 28
reposer 57
le jour 8
bonjour 11
saluer 16
la nuit 23
passer 20
le point du jour 57
le matin 14
de bonne heure 56
le midi 14
l'après-midi 22
le soir 14
bonsoir 51
hier 22
aujourdh'ui 18
demain 51
alors 19
à présent 54
maintenant 11
d'abord 40
puis 23
ensuite 35
enfin 24
bientôt 22
longtemps 24
toujours 12
une heure 10
la minute 28
la seconde 28

une horloge 28
la pendule 28
la montre 28
le cadran 28
le chiffre 28
la grande aiguille 28
la petite aiguille 28
indiquer 28
marquer 28
regarder 28
un instant 46
le moment 52
un intervalle 50
la fête 18
célébrer 25
les vacances 23
la foire 43

Il fait beau temps 10
froid 45
avoir froid 45
chauffer 45
la pluie 43
mouiller 43
sec 39

L'homme 24
la femme 19
le garçon 3
la fille 19
la tête 30
l'oreille 40
l'œil 40
la vue 54
la joue 43
la dent 40
la voix 25

le souffle 34
l'épaule 21
le dos 16
le bras 40
embrasser 40
la main 10
le cœur 34
le sang 43
le pied 47
l'os 43
l'air 40

Le chapeau 16
la casquette 16
ôter 16
le chaperon 33
rouge 33
le gilet 28
blanc 4
noir 12
la poche 28
empocher 47
la bourse 5
le porte-monnaie 5
la monnaie 5
l'or 24
l'argent 24
le fer 24
le louis 47
un écu 57
la parure 19
les pierreries 19
la perle 44
le bijou 19
orner 56
pauvre 24
riche 34

La vie 21
la naissance 27
le jour de ma naissance 27
la nourrice 49
l'enfance 27
l'innocence 56
innocent 34
grandir 49
l'âge 36
jeune 23
les jeunes gens 23
vieux 42
la santé 18
fort 34
la force 34
la faiblesse 31
malade 22
tomber malade 24
se trouver mal 35
être enrhumé 40
avoir mal à la tête 35
avoir mal aux dents 40
la fièvre 52
la goutte 52
la peste 52
contagieux 56
nuisible 55
la mort 21
mort 43

La raison 55
le devoir 42
accomplir 51
remplir 50
l'amour 27

chérir 49
respecter 17
la foi 24
la bonne foi 24
la pitié 36
le bienfait 43
le service 14
rendre service 55
mériter 49
le mérite 19
le soin 17
le souci 49
le danger 50
la perte 24
la misère 21
la charge 21
le fardeau 21
pesant 21
le malheur 24
le bonheur 51
bienheureux 56
la fortune 47
le don 56
le courage 51
la bravoure 57
brave 24
la peur 40
la crainte 53
trembler 47
le vice 52
l'intempérance 52
la violence 43
sage 41
gentil 41
humble 34
triste 41
content 23

mécontent 43
méchant 40

Un État 52
la frontière 57
franchir 57
la capitale 57
le chef-lieu 57
un empereur 57
puissant 31
le roi 30
la reine 52
un électeur 57
le prince 30
la suite 35
le courtisan 30
le ministre 52
le général 57
un officier 30
le soldat 57
un emploi 52
le sujet 52
un monsieur 11
une dame 19
le marchand 43
le lapidaire 44
le paysan 24
le laboureur 55
le bûcheron 21
le guide 30
guider 31
le mendiant 29
le prisonnier 29

la liberté 29
s'échapper 47
le voleur 47
le brigand 43
la loi 56

L'Europe 57
l'Allemagne 12
le Danemark 57
la France 30
français 15
le Français 15
la Livonie 57
la Norvège 57
la Pologne 57
la Poméranie 57
romain 19
le Romain 19
la Russie 57
le Russe 57
la Saxe 57
la Suède 57
suédois 57
le Suédois 57
la Suisse 23
suisse 23
la Turquie 57

La guerre 57
la campagne 57
un ennemi 55
combattre 57
le combat 57

livrer bataille 57
battre 57
le camp 57
le retranchement 57
s'avancer 52
attaquer 57
une attaque 57
investir 57
assiéger 57
le siège 57
lever le siège 57
forcer 57
le fuyard 57
la paix 50
signer le traité 57

Dieu 6
le Seigneur 28
éternel 42
bénir 51
le bienfaiteur 32
la Providence 43
la destinée 51
le ciel 56
le paradis 48
les enfers 52
le Tartare 52
le monde 21
le pécheur 34
pardonner 36
la prière 29
prier 6